Klare Ziele

Was willst du im Leben wirklich erreichen?
Ultimativer Erfolg durch deine persönliche Zielplanung in 4 Schritten

PATRICK DRECHSLER

© **Copyright 2021 - Alle Rechte vorbehalten.**

Der in diesem Buch enthaltene Inhalt darf ohne direkte schriftliche Genehmigung des Autors oder Herausgebers nicht reproduziert, vervielfältigt oder übertragen werden.

Unter keinen Umständen wird dem Verlag oder Autor die Schuld oder rechtliche Verantwortung für Schäden, Wiedergutmachung oder finanziellen Verlust aufgrund der in diesem Buch enthaltenen Informationen direkt oder indirekt übertragen.

Rechtliche Hinweise:

Dieses Buch ist urheberrechtlich geschützt und nur für den persönlichen Gebrauch bestimmt. Ohne die Zustimmung des Autors oder Herausgebers darf der Leser keinen Inhalt dieses Buches ändern, verbreiten, verkaufen, verwenden, zitieren oder umschreiben.

Haftungsausschluss:

Die in diesem Dokument enthaltenen Informationen dienen nur zu Bildungs- und Unterhaltungszwecken. Es wurden alle Anstrengungen unternommen, um genaue, aktuelle, zuverlässige und vollständige Informationen zu liefern. Es werden keine Garantien jeglicher Art erklärt oder impliziert.

Die Leser erkennen an, dass der Autor keine rechtlichen, finanziellen, medizinischen oder professionellen Ratschläge erteilt. Durch das Lesen dieses Dokuments stimmt der Leser zu, dass der Autor unter keinen Umständen für direkte oder indirekte Verluste verantwortlich ist, die durch die Verwendung der in diesem Dokument enthaltenen Informationen entstehen, einschließlich, aber nicht beschränkt auf Fehler, Auslassungen oder Ungenauigkeiten.

Inhaltsverzeichnis

Einleitung 5

Ziele und deren Planung lassen dich jeden Traum präzise leben! 9
    Der Mensch und sein Umfeld als Systeme 10
    Zuerst: Die richtigen Ziele finden 15
    Dein Umfeld übt Macht auf dich aus 23
    Abschlussaufgabe 25

1. Schritt | Was *muss* sein? 27
    Existieren 28
    Mit beiden Beinen fest im Leben stehen 41
    Zeitbezug von Zielen 44
    Achtung, die Zeit ist eng bemessen! Nutze sie! 51
    Abschlussaufgabe 56

2. Schritt | Was *willst* du? 61
    Welche Bedürfnisse die Ziele befriedigen sollten 62
    Wunsch-Ziele finden 73
    Vom bloßen Ziel zur Handlung 84
    Abschlussaufgabe 88

3. Schritt | Filtern und entscheiden – was *wirst* du *tun*? 91

Methode 1 zum Filtern: Komplementäre Ziele suchen 92

Methode 2 zum Filtern: Ziele an den Charakter anpassen 95

Methode 3 zum Filtern: Bevorzuge die beeinflussbaren Ziele 98

Methode 4 zum Filtern: Fokussiere deine Stärken ... 102

Abschlussaufgabe 103

4. Schritt | Langfristige Planung durchführen 109

Rangordnung von Zielen 111

Zeitbezug von Zielen 119

Regelmäßig monitoren, auswerten und bei Bedarf ändern 125

Abschlussaufgabe 130

Schlusswort 131

Verweise und weiterführende Literatur 135

Einleitung

Stelle dir vor: Du hast dir gerade vorgenommen, zusätzlich zu deinem weniger gut bezahlten Vollzeitjob Geld zu verdienen. Es soll dein Ausweg aus dem Hamsterrad sein, in dem du zurzeit gefangen bist. Dieses Hamsterrad besteht darin, dass du täglich einem Job nachgehst, der nicht nur schlecht entlohnt ist, sondern den du zudem nicht ausstehen kannst. Du nimmst also einen Minijob auf, der deine Wochenenden füllt. Außerdem arbeitest du schwarz in einem Restaurant, um deine Einkünfte nochmals zu erhöhen. Doch nach nur drei Wochen bist du physisch und psychisch am Ende, denn das Pensum ist einfach zu hoch. Weil du nun unregelmäßig zu den Nebenjobs erscheinst, wirst du dort gefeuert. Du stehst erneut am Anfang; nur, dass du dich diesmal viel schlimmer fühlst, weil zu der Abneigung gegenüber deinem Hauptjob eine physische und psychische Erschöpfung hinzukommt. Klassischer Fall von „Ich habe mir zu viele bzw. zu hohe Ziele gesetzt."

Anderes Szenario: Vor dir steht der Start in einen neuen Lebensabschnitt. Das Abitur hast du mit einem sagenhaften Schnitt von 1,0 in der Tasche. Lehrer prognostizieren dir eine herausragende Zukunft. Du selbst bist erstmal glücklich und genießt die freie Zeit nach dem Abi. Schnell stehen aber wichtige Entscheidungen an: Studium, Ausbildung oder ein entspannendes und entschleunigendes Auslandsjahr? Letzteres sagt dir zu, weil du die Welt erkunden möchtest und gar nicht weißt, welches Studium das richtige für dich sein könnte. Deine Eltern aber drängen dich zum sofortigen Studium. „Nimm doch einfach Medizin. Das ist für die

Besten der Besten." Deine Eltern sind stolz auf dich und raten einfach, was aus ihrem Blickwinkel das Beste für dich ist. Obwohl du davon nicht mal ansatzweise überzeugt bist, weil ausgerechnet der Beruf Arzt nicht deinen Wünschen für die Zukunft entspricht, entscheidest du dich dafür. Das Ergebnis: Studienabbruch, wütende Eltern und du als desillusionierter und unentschlossener Studienabbrecher, der zwei Jahre seines Lebens nach dem Abitur damit verbracht hat, Mühen in etwas zu investieren, das dir nicht das gebracht hat, was erwartet wurde. Dabei wusstest du vorher, dass es der falsche Weg sein würde. Klassischer Fall von „Ich habe mir die falschen Ziele gesetzt bzw. mich bei meinen Zielsetzungen zu stark von anderen Menschen beeinflussen lassen."

Zielsetzungen sind eine Kunst für sich. Wer diese Kunst beherrscht, steigert die Wahrscheinlichkeit für das Erreichen seiner Ziele um ein Vielfaches. Das Gegenteil ist bei Zielen der Fall, die nicht richtig gesetzt werden: zu hohe Ziele, zu viele Ziele, nicht den eigenen Interessen und Träumen folgen, sich von anderen Personen bei der Wahl der Ziele zu stark beeinflussen lassen, infolge der falschen Zielsetzung wenig Motivation und Disziplin an den Tag legen ... All diese genannten Fälle führen sehr wahrscheinlich dazu, dass die Ziele nicht erreicht werden. Obwohl es einleuchtend ist, machen leider immer wieder aufs Neue erstaunlich viele Menschen diese Fehler. Stellst auch du regelmäßig in deinem Bekanntenkreis fest, dass Personen Dingen nacheifern, an denen ihnen eigentlich gar nichts liegt? Beobachtest auch du, wie gewisse Personen eine derart hohe Menge an Zielen verfolgen, dass sie sich im Leben kaum noch erholen können und das Erreichen all dieser Ziele unrealistisch ist? Hörst du des Öfteren, wie Menschen in deinem Umfeld sich beklagen, dass alles, was sie machen, ihnen auf den Wecker geht? Und das Wichtigste: Sind diese oder ähnliche Fälle auch bei dir gegeben?

Es wird Zeit, dass du anfängst, deine Ziele im Leben richtig zu setzen und sie mit höchster Wahrscheinlichkeit zu erreichen; „mit höchster Wahrscheinlichkeit", weil es nie eine Garantie für das Erreichen von Zielen gibt. Nun kommt aber eine faszinierende Botschaft für dich: Solange du Ziele verfolgst, die wirklich deinen Träumen entsprechen, ist es nicht in allen Fällen notwendig, sie auch tatsächlich zu erreichen. Denn durch das reine Verfolgen der Ziele füllst du dein Leben mit Motivation, Zielstrebigkeit, Begeisterung und Faszination. Selbst bei den erfolgreichsten Menschen werden Ziele hin und wieder abgebrochen, weil die Entwicklungen im Leben dynamisch sind und es einer Anpassung der Ziele bedarf.

Was auch immer dich in Verbindung mit Zielen interessiert und was auch immer dir am Herzen liegt – in diesem Ratgeber findest du wertvolle Hilfestellungen und Anregungen dazu. Aufgrund meiner zahlreichen Erfahrungen biete ich dir im Verlaufe des Ratgebers authentischen Input. Das Besondere bei diesem Buch ist, dass es sich auf ein sehr spezielles Gebiet der Persönlichkeitsentwicklung ausrichtet: die Ziele. So ergibt sich die Chance, besonders tief in die Materie zu gehen. Dies geschieht in diesem Ratgeber durch eine einzigartige Fusion: die Persönlichkeitsentwicklung wird mit der Unternehmensführung kombiniert. Wie das geht und was es dir bringen soll?

Mir ist während eines Rückblicks auf mein früheres BWL-Studium aufgefallen, dass sich die Betriebswirtschaftslehre zu einem erheblichen Teil der Frage nach der idealen Zielsetzung widmet. Als ich die Inhalte genauer unter die Lupe nahm, war ich begeistert. „Die hohe Präzision und feine Unterteilung der Ziele kommt doch auch für Menschen in ihrem alltäglichen Leben in Frage!", war damals mein Gedanke. Als ich Teile der Zielsetzung und -planung aus der BWL mit meinen Lebenserfahrungen kombinierte und auf mein Leben anwandte, war ich begeistert von den Vorteilen, die ich erzielte: vom Privatleben über die Familie bis hin zu Hobbys, Karriere und Beruf. Du möchtest in einer transparenten Schritt-für-Schritt-Abfolge und mit den präzisesten Methoden deine Ziele setzen und erreichen? Dann bist du hier genau richtig! Dieser Ratgeber bietet dir komplett neue Anleitungen und Methoden.

Bei Zielsetzungen existieren zwei wichtige Faktoren, die abzudecken sind: Zunächst gibt es im Leben die Dinge, die man machen muss; also die **Verpflichtungen**. Dann gibt es den Raum, den du frei planen kannst; hier setzt du dir deine **Wunsch-Ziele**. Nach dem einleitenden ersten Kapitel werden dich die Kapitel 2 und 3 darin einweisen, wie du Schritt für Schritt deine Verpflichtungen und Wunsch-Ziele korrekt planst. Dabei erstellst du zwei Listen. Diese Listen verfeinerst und präzisierst du mithilfe der Hinweise zum Filtern in Kapitel 4 und der langfristigen Planung in Kapitel 5, sodass du eine Art persönliche Lebensanleitung erhältst. Zwischendurch erwarten dich beim Lesen immer mal wieder Hinweise, wie du geeignete Ziele findest, was du bei deinem Umfeld beachten solltest und zu weiteren wichtigen Dingen rund um Zielsetzungen. Durch die Aufgaben in den Kapiteln und die große Abschlussaufgabe am Ende jedes Kapitels gelingt es dir, die Theorie in die Praxis zu überführen.

Ziele und deren Planung lassen dich jeden Traum präzise leben!

Dieser Ratgeber ist etwas Besonderes, weil er auf ungewöhnlichem Wege inspiriert wurde. Ebenso ungewöhnlich – zumindest auf den ersten Blick – war mein Weg zu optimalen Zielsetzungen und dem Erreichen von Zielen.

Das Fundament für meinen Erfolg bei verschiedenen Zielen und Planungen bildete nämlich mein BWL-Studium. Ich wälzte zahlreiche Ratgeber und hörte Kurse von Coaches, doch beim Setzen und Erreichen von Zielen konnte mir lange Zeit nichts helfen. Als ich ein Buch aus meinem ehemaligen BWL-Studium in der Hand hielt, kam mir eine Idee. Diese Idee führte mich zum perfekten Umgang mit Zielen. Nun gebe ich diese Idee an dich weiter. Sie soll dir helfen, so wie sie mir half, und zieht sich wie ein roter Faden durch das gesamte Buch.

Was ist nun die Idee? Wenn man in die Betriebswirtschaftslehre blickt und die Zielsetzung von Unternehmen als wesentlichen Teil unternehmerischen Handelns studiert, stellt man als wohl wichtigsten Aspekt fest: Unternehmen sind **Systeme**. Aus dieser Erkenntnis folgen zahlreiche wichtige Hinweise für die Zielsetzung von Unternehmen. Während des Lesens über das Thema dämmerte mir, dass genau dasselbe auch auf den Menschen zutrifft. Du und dein Umfeld – ihr seid ein System! Wenn du das und alle daraus folgenden Konsequenzen verinnerlichst, wirst du die Fähigkeit haben, Ziele optimal zu setzen und die Wahrscheinlichkeit für deren Erreichen am höchsten zu halten.

Keine Sorge: Dir steht in diesem Ratgeber keine Entmenschlichung bevor, bei der du wie ein Unternehmen behandelt wirst. Alles, was du lernst, ist dir die enorme Präzision erfolgreicher Unternehmen in der Zielsetzung zunutze zu machen – für deinen Beruf, für dein Privatleben, für deine sozialen Kontakte, für deine Hobbys, für deine Träume und so vieles mehr! Die bekanntesten und mächtigsten Konzerne erreichen deswegen den Großteil ihrer Ziele, weil sie alles minutiös planen. Stelle dir nun vor, du würdest so auch als Mensch vorgehen: akkurate Planung, hohe Präzision, dennoch reichlich Platz für Spontaneität und unvorhergesehene Ereignisse – du würdest deine Träume leben. Fange noch heute damit an!

Der Mensch und sein Umfeld als Systeme

Per Definition ist ein System ein aus mehreren Teilen zusammengesetztes Ganzes. Diese Teile interagieren miteinander, sodass sich ständig Wechselwirkungen ergeben. Daraus folgt, dass, wenn du eine Maßnahme durchführst, sie auf mehrere Teile des Systems Auswirkungen hat. Du erwartest von der Maßnahme eine bestimmte Besserung.

Stelle dir nun vor, du erreichst die angestrebte Besserung: Eventuell hat die Besserung die gewünschte Wirkung, aber zugleich eine Auswirkung auf einen anderen Lebensbereich, die nicht erwünscht ist? Neben diesem Negativszenario ist es möglich, dass eine Maßnahme nicht nur die eine erwartete Besserung hervorruft. Stattdessen treten zusätzlich noch zwei oder drei weitere Besserungen in anderen Lebensbereichen ein, die du nicht erwartet hättest. Umso größer ist dann die

Freude. Also kurz und knapp: *Viele der erreichten Ziele haben mehrere Auswirkungen, nicht nur die eine geplante Auswirkung.*

Was für Teile können in dem System „Leben" vorhanden sein? Aus welchen Teilen setzt sich dein persönliches System zusammen? Zum einen bist es du, zum anderen ist es dein Umfeld. Nur um zu verdeutlichen, wie viel bereits diese beiden Teile ausmachen: Du selbst bestehst aus Hunderten, Tausenden weiteren Teilen. Du weißt genau, was gemeint ist: Mal ist es dein innerer Schweinehund, der dein System aus dem Gleichgewicht bringen möchte. Überwindest du den Schweinehund, bist du zwar glücklich, einer Pflicht nachgekommen zu sein und sie nicht aufgeschoben zu haben, am Abend diesen harten Tages jedoch bist du müde. Deine Kinder und deine Frau erwarten dich an diesem Abend in Höchstform. Kinder und Frau – weitere Teile des Systems, die du berücksichtigen musst. Bei jeder noch so kleinen Entscheidung und Handlung von dir geraten bestimmte Teile des Systems in Bewegung. Wie soll man bei all den Dingen den Überblick behalten?

> ### Beispiel
>
> Du hast ambitionierte berufliche Ziele. Diese beginnen mit einem Studium, gehen dann in die ersten Arbeitsjahre über und münden schließlich in der Promotion zum Doktor. Die Folge sind noch mehr Termine, Pflichten und Möglichkeiten, die du dir nicht entgehen lassen möchtest. Du weißt schon zur Studienzeit, dass die prägnantesten Merkmale deines Alltags ein voller Terminkalender und Arbeitsplan sein werden. Was dir Unbehagen bereitet, ist das angesichts dessen schwer realisierbare Familienleben: Wie kann eine Person mit derart vielen beruflichen Verpflichtungen ein glückliches Familienleben führen? Möglich ist es, keine Frage! Aber es ist sehr schwierig; schwieriger zumindest als

> bei einer Person, die keinen 12-Stunden-Arbeitstag mit anschließenden Terminen hat. Das hier ist die wohl häufigste Form, in der sich die Systemeigenschaften eines Menschenlebens zeigen: Arbeit oder Familie? Manchmal ist es schwer, beides unter einen Hut zu bringen. Falls beides dein Ziel ist, ist eine frühzeitige Planung erforderlich, um ein Leben mit Karriere und Familie erfolgreich zu meistern.

Jede Person, die sich mehr als ein Ziel in ihrem Leben setzt, steht vor der Herausforderung, zwischen sich gegenseitig beeinflussenden Zielen abzuwägen. Dies beeinflusst die kleinen Alltagsverläufe ebenfalls. Gehen wir davon aus, dass eine Person zwischen Arbeit und Familie nicht priorisieren möchte: So etwas kann eine Zeit lang gut laufen, bis vor einem wichtigen beruflichen Vortrag der Anruf kommt, das Kind sei schwer erkrankt und warte im Krankenhaus. Und? Welche Entscheidung wird jetzt gefällt? Vater oder Mutter entscheidet sich fürs Kind und hat am nächsten Tag die Kündigung vorliegen, weil wegen des ausgelassenen Vortrags ein Deal geplatzt ist, der hohe Umsatzeinbußen fürs Unternehmen zur Folge hat.

Eine zentrale und mit Zielsetzungen verbundene Frage ist für dich also auch die Priorisierung: Welches Ziel ist generell wichtiger? Welches Ziel ist in Abhängigkeit von einer bestimmten Situation jetzt in diesem Moment wichtiger? Eine Person, die mit einem Tunnelblick nur auf eine Sache hinarbeitet, hat es da wesentlich einfacher. Sie muss nämlich nicht zwischen verschiedenen Zielen abwägen. Ein Spagat zwischen Familie und Arbeit ist unwichtig, weil sie sich bereits auf eine Sache festgelegt hat. Diese Person geht strikt ihren Weg und lässt Nebenwirkungen außer Acht. Zwar lebt sie auch in einem System, aber ihr sind die Wechselwirkungen egal. Vielleicht ist sie sogar bereit, über Leichen zu gehen – das wäre der Extremfall.

Personen, die mit einem Tunnelblick ein einziges Ziel verfolgen, können temporär sehr erfolgreich sein. Schließlich lenkt sie nichts ab. Auf lange Sicht ist dieser Lebensstil aber mit negativen Begleiterscheinungen verbunden. Beispielsweise führt der Tunnelblick dazu, dass Möglichkeiten zu Synergien zwischen verschiedenen Zielen übersehen werden. Es wird unter Umständen wenig Neues ausprobiert. Möglicherweise ist die körperliche und/oder psychische Belastung derart stark, dass irgendwann ein Burnout eintritt.

Der Tunnelblick ist nicht der Regelfall. Meist haben Menschen mehrere Träume. Oder sie haben Träume und Verpflichtungen, was das Verfolgen mehrerer Ziele zur gleichen Zeit erfordert. Daraus ergibt sich für dich die elementare Herausforderung, bei der dir dieser Ratgeber helfen möchte: Du lebst in einem System. Ein Teil dieses Systems bist du mit allem, was zu dir gehört. Der zweite Teil dieses Systems ist dein Umfeld; ebenfalls mit allem, was dazugehört. Dein Ziel wird es sein, Transparenz in dein System zu bringen oder dir überhaupt erst Klarheit über dein System zu verschaffen; d. h. Ziele zu finden, die für dich wichtig sind und deren Erfüllung nach jetzigem Stand realistisch ist. Danach wird das Kunststück sein, diese Ziele in gemeinsamer Vereinbarkeit mit allem, was dich umgibt, zu verfolgen. Nur so kann am Ende das gesamte System, also dein Leben, gemäß deiner Träume funktionieren.

Es gibt im Leben keine einfachen Wenn-Dann-Prinzipen. Meist hat eine Entscheidung nicht nur zur Folge, dass die angestrebte Wirkung eintritt, sondern zusätzlich weitere (Neben-)Wirkungen. Die Akteure in Unternehmen sind sich dessen bewusst. Sie entscheiden deswegen nicht isoliert: Keine Entscheidungen aus einer Laune heraus. Kein undurchdachtes Handeln. Weniger Gefahr für negative Überraschungen im Nachhinein. Natürlich haben Unternehmen gewisse Vorteile, denn Entscheidungen werden in der Regel in Absprache mit mehreren Personen getroffen. Emotionale Entscheidungen sind bei Teams von mehreren Personen höchst unwahrscheinlich und in den größten Unternehmen gar nicht anzutreffen.

Diese Qualitäten kannst du dir selbst ebenso aneignen. Ein wesentlicher Faktor, um zu spontane, emotional gesteuerte oder auf reinem Glück basierende Entscheidungen zu vermeiden, ist die Kontrolle emotionaler Impulse. Falls du mein Buch *„Aufschieben sofort stoppen"* gelesen hast: Dort geht es um Methoden und Mittel zum Erlangen von Impulskontrolle.

Meine Erfahrungen

Wie sehr wir Menschen Teil eines Systems mit Wechselwirkungen sind, bekam ich am eigenen Leib eindrucksvoll zu spüren, als ich über einen Arbeitskollegen in einen neuen Freundschaftskreis gelangte. Es war ganz anders, als ich es bisher gewohnt war. Die Lockerheit meiner neuen „Freunde" faszinierte mich. Jedoch hatte die Lockerheit den Nachteil, dass ständig Klischees, veraltete Rollenbilder und andere unkluge Äußerungen genutzt wurden. Wieso diese Menschen eine so starke Anziehungskraft auf mich ausübten, kann ich bis heute nicht beantworten. Aber sie taten es. Mit der Zeit adaptierte ich deren Denkweisen ein Stück weit. Meine zwischenmenschlichen Kompetenzen und die vorige Disziplin schwanden. Heute bin ich glücklicherweise aus diesem zu mir nicht passenden Umfeld wieder raus. Aber ich hätte nie gedacht, dass sich durch das veränderte Umfeld mein Charakter zwischenzeitlich derart stark wandeln würde. Es hatte Auswirkungen auf alles, was ich tat und dachte.

Zuerst: Die richtigen Ziele finden

Im Grunde genommen geht es im ganzen Buch und bei jedem der vier Schritte um Folgendes: die richtigen Ziele finden. Das Finden der richtigen Ziele schließt nämlich das Wichtigste ein. Sobald du die richtigen Ziele beisammen hast, ist sichergestellt, dass du …

- dein System analysiert und dir die Wechselwirkungen klargemacht hast.
- weißt, wie du auf die möglichen Wechselwirkungen reagierst.
- Prioritäten festgelegt hast, um die wichtigsten Ziele den weniger wichtigen vorzuziehen.
- dem folgst, was dir am Herzen liegt.
- Motivation, Disziplin und Konsequenz entwickelst, weil du deinen Träumen folgst und beste Voraussetzungen für deren Erreichen schaffst.

Diese und weitere untergeordnete Aspekte sind sichergestellt, sobald du die richtigen Ziele gefunden hast. Denn nichts anderes bedeutet „richtig": dass du das findest, was deinen Träumen entspricht und gleichzeitig dein System berücksichtigst. Wenn du beispielsweise einen Ehepartner hast, ist es wichtig, bestimmte Ziele gemeinsam abzusprechen, damit an einem Strang gezogen wird. Gleiches gilt für Freundeskreise. Ziele festzulegen, ist demnach nicht immer eine Sache für eine Einzelperson, sondern manchmal mit den Interessen anderer verknüpft.

Personen dort, wo es notwendig ist, in die Zielsetzung mit einzubinden, vermittelt dir dieser Ratgeber ebenfalls. Um Ziele adäquat formulieren und verfolgen zu können, bist du auf ein möglichst präzises Verständnis dieses Wortes „Ziel" angewiesen. Hierzu ein paar Worte …

Klare Ziele

Der Kellner des Lebens: Was willst du wirklich?

Herzlich Willkommen im Lebensrestaurant! Hier bekommst du wirklich alles, was du möchtest, sofern es von dieser Welt stammt und richtig formuliert wird. Also, auf geht's! Du hängst deinen Mantel auf und bist froh, im Warmen zu sein. Das Kaminfeuer im Restaurant spendet Wärme und der Klavierspieler sorgt für die passende musikalische Untermalung an einem für dich fantastischen Abend. Denn heute wünschst du dir das, was du vom Leben möchtest!

Du setzt dich hin. Nach ein paar Minuten Wartezeit – es ist viel los in diesem sagenumwobenen Restaurant – kommt der Kellner auf dich zu. Jetzt ist es soweit: „Sie wünschen?", fragt dich der Kellner, seinen Notizblock und Stift bereitwillig in der Hand.

Du entgegnest: „Ich habe Hunger. Ich will essen."

Der Kellner wiederholt seine Frage: „Sie wünschen?"

Du wiederholst, diesmal energischer: „Ich will essen!"

Als Reaktion schüttelt der Kellner langsam den Kopf und sagt, er gebe dir noch etwas Bedenkzeit, bis du wirklich wüsstest, was du wolltest. Als Hilfestellung gibt er dir das Menü, obwohl es eigentlich unnötig ist. Im Lebensrestaurant bekommst du schließlich alles, was du willst! Anschließend geht der Kellner fort und widmet sich den anderen Gästen.

Du beobachtest den Kellner und die anderen Gäste im Austausch. Sie kriegen tatsächlich alles, was sie wollen. Obendrein ist der Kellner freundlicher zu ihnen als zu dir. Hat sich die ganze Welt gegen dich verschworen? Was ist hier los? Du blickst ins Menü und bist schockiert: In diesem Restaurant, da ist ja wirklich alles möglich! Es gleicht fast schon einer Unverschämtheit, weil du dich kaum entscheiden kannst.

Früher als es dir lieb ist, kommt der Kellner wieder zu dir zurück. Er erkundigt sich erneut nach deinem Wunsch. Was nun? Du gehst nach dem Ausschlussverfahren vor und antwortest zögerlich: „Also … Die ganzen Fleischgerichte will ich nicht. Ich esse vegetarisch."

Der Kellner notiert sich das und ist schon verschwunden. Ehe du dich versiehst, kommt nicht nur der Kellner zurück, sondern mit ihm ein ganzes Gefolge. Sowohl der Kellner als auch sein Gefolge tragen lauter Teller bei sich. Du fragst dich schon, wieso es so viele Teller sind. Haben sie dir etwa alles vorbereitet, was vegetarisch ist? Das wäre zu viel!

Tatsächlich wird es paradoxer … „Bitte sehr", spricht der Kellner, während er und sein Gefolge sämtliche Teller auf deinem Tisch abstellen, „hier haben Sie alle Fleischgerichte, die sich auf unserem Menü befinden. Und unser Menü ist groß, denn wir sind das Restaurant des Lebens." Dann lächelt er.

Während dir der nach deinem Geschmack penetrante Geruch von Schweinshaxen und Hähnchenkeulen in die Nase steigt und dich der Kellner provokant anlächelt, verlierst du die Nerven: „Wieso bekomme ich genau das, was ich nicht wollte?!?", fragst du laut und erregt.

Der Kellner ist sich seines Fehlers nicht bewusst: „Tut mir leid, aber meine Zeit ist kostbar. Ich arbeite nicht nach dem Ausschlussprinzip. Woran Sie denken und was Sie aussprechen, das bekommen Sie auch. Einzelne unwichtige Worte beachte ich dabei nicht."

Du hast es verstanden und wünschst dir dann einfach nur eine Cola-Light, weil du alles satt hast. Die Cola-Light bekommst du wenig später serviert. Während du dich mit der Cola-Light begnügst, widmen sich die Menschen um dich herum schon dem dritten und vierten Gang ihres Menüs. Sie helfen sich gegenseitig bei ihren Bestellungen und manchmal sogar dabei, den Teller leerzubekommen.

Autor: Fabian Ries (https://www.fabianries.de/)

Das Leben ist genauso wie dieses Restaurant. Du hast unglaublich viele Möglichkeiten, zu wählen. Falls es dir abwegig erscheint, dass eine Person sich ins Restaurant setzt und einfach sagt, dass Sie essen will, dann führe dir vor Augen, dass genau das im realen Leben des Öfteren passiert. Hast du nicht schon einmal gesagt, dass du etwas willst, aber warst dabei nicht konkret genug? Sei ehrlich zu dir:

- Ich will reich sein.
- Ich will erfolgreich sein.
- Ich will attraktiv / hübsch sein.
- Ich will mehr Freunde haben.
- Ich will mehr berufliche Perspektiven haben.

Diese und weitere Beispiele sind das Problem: Wo ist denn formuliert, was Reichtum, Erfolg etc. bedeuten und was genau dafür zu tun ist? Wenn du Reichtum über Geld bzw. Vermögen definierst, dann solltest du festhalten, welche Summe du anpeilst. So wird es bereits konkreter. Als nächstes ergibt sich die Herausforderung, dass derart große und allgemeine Ziele wie in der Auflistung nicht auf Anhieb erreicht werden können. Selbstverständlich ist es möglich, sie im Verlaufe mehrerer Jahre zu erreichen. Doch wieso bürdet man sich dann ein alleiniges großes Ziel auf, statt kleinere Zwischenziele zu setzen? Eine Einteilung in Zwischenziele begünstigt eine größere Motivation. Denn durch das Erreichen von Zwischenzielen zeigen sich Fortschritte.

Präzision in der Formulierung. Unterteilung der großen Ziele in kleinere Ziele. Entschlossenheit, das jeweilige Ziel umsetzen zu wollen. Das sind einige der Dinge, an deren

Umsetzung bei präzisen Zielformulierungen kaum ein Weg vorbeiführt. Das Leben ist das größte Restaurant der Welt mit der denkbar größten Speisekarte, aus der jeder Mensch zu wählen hat. Wahrscheinlich ist dir bekannt, dass jedes Restaurant, das gut läuft, mit der Zeit expandiert. Oder es erweitert zumindest das Angebot. So ist es auch mit dem Lebensrestaurant. Damit sind wir bei einem typischen Problem des heutigen Zeitalters bei der Setzung von Zielen angekommen: dem Überangebot.

Heutige Herausforderungen bei der Festlegung von Zielen

Die Entwicklungen der letzten Jahrzehnte und Jahre haben eine Fülle an Möglichkeiten entstehen lassen. Diese Möglichkeiten erweitern die Perspektiven für zahlreiche Personen. Das Internet hat neue Verdienstmöglichkeiten geschaffen. Mit einem eigenen Unternehmen oder als Freiberufler selbstständig zu werden, ist nicht mehr zwingend mit einem hohen Finanzaufwand verbunden. Miete für Läden und somit hohe laufende Kosten können also entfallen. An dieser Stelle setzen mehrere Ratgeber an, indem sie zur Selbstständigkeit im Internet anraten. So könnten Reichtum und Erfolg erreicht werden. So viel Fachkompetenz in diesen Ratgebern auch enthalten sein mag, so speziell sind sie zugleich: Nicht jede Person definiert Erfolg über einen höheren Verdienst. Selbst, wenn dem so wäre, würde sich daraus nicht zwangsläufig ergeben, dass die in den Ratgebern vorgestellten Modelle dem jeweiligen Leser zusagen.

Neben Möglichkeiten zur Selbstständigkeit bzw. im beruflichen Bereich hat sich eine Fülle an Chancen ergeben, um als junge Person das Leben nach der Schulzeit zu gestalten. Wie früher den Betrieb oder den Job des Elternteils zu übernehmen, ist nicht mehr die Norm, viel eher eine Seltenheit. Junge Personen können zwischen zahlreichen Ausbildungs- und Studiengängen wählen. Außerdem ermöglichen

Auslandsprogramme früh die Erkundung der Welt. Ein halbes Jahr durch Neuseeland wandern und ein halbes Jahr in einem Wildtierpark in Südafrika mit professionellen Rangern arbeiten? Alles im Rahmen des Machbaren. Diese Dinge sind nicht nur jungen Erwachsenen aus der wohlhabenden Gesellschaftsschicht zugänglich. Weil Deutschland ein Sozialstaat ist, existieren zahlreiche Förderprogramme, von denen im weltweiten Vergleich Jugendliche aus anderen Staaten nur träumen können: Bafög für das Studium und die Ausbildung, Auslands-Bafög, Stipendien, organisiertes Work & Travel und vieles mehr!

Selbst bei Fragen der politischen Gesinnung besteht ein großes Angebot. Zahlreiche politische Strömungen sind entstanden, sodass sich mittlerweile genau die zu den eigenen Vorstellungen passende Strömung finden lässt. Treffen sind aufgrund der Organisation über das Internet und die Sozialen Medien einfach. Und auch bei den Religionen gibt es zahlreiche Richtungen und Bewegungen. Allein schon innerhalb des Christentums gibt es die verschiedensten Ausprägungen. Die evangelische und katholische Konfession wird begleitet von diversen anderen Gruppierungen bzw. Sekten.

Die verschiedensten Wahlmöglichkeiten, Lebensphilosophien und Überzeugungen treffen aufeinander. Obwohl vieles denselben Kern hat, ist es mittlerweile doch so verschieden! Und zwischen alledem stehst du und hast Entscheidungen zu treffen. Mit zunehmendem Alter mögen sich die Perspektiven vielleicht reduzieren. Gewisse Dinge sind nicht mehr zugänglich (z. B. Auslandsprogramme für junge Leute) oder unrealistisch (z. B. Ausbildung). Aber auch für Personen von über 40 Jahren mit familiären sowie beruflichen Verpflichtungen hat sich in letzter Zeit eine Reihe an neuen Möglichkeiten ergeben, die vor einigen Jahrzehnten nicht denkbar waren.

> **Beispiel**
>
> Mit 60 Jahren anfangen, sich mit dem Aktienhandel zu befassen? Ist man da nicht bereits zu alt? Und dann auch noch als Frau? „Pah, alles Vorurteile!", dachte sich korrekterweise Beate Sanders, als sie mit 60 Jahren anfing, Geld in Aktien anzulegen und viele existierende Vorurteile über den Haufen zu werfen. Sie begann mit umgerechnet 30.000 Euro und machte daraus innerhalb von 20 Jahren ein Vermögen von rund 2,5 Millionen Euro. Ihr Erfolg verlieh ihr einen enormen Status und verdeutlichte, dass Geldanlage in Aktien für jede Person realistisch ist. Sie schrieb Bücher und nahm an Interviews teil. Im September 2020 verstarb sie im Alter von 82 Jahren an Krebs.

Perspektiven sind also jederzeit gegeben. Gewöhnliche Menschen schreiben erstaunliche Geschichten. Manchmal werden sie berühmt. Manchmal reicht es ihnen, glücklich zu werden. Vor allem probieren Menschen Neues aus, um außergewöhnliche Dinge zu erleben. Dann setzen sie sich ihre ersten Ziele. Sobald diese erreicht sind, gehen sie Schritt für Schritt weiter und setzen die Messlatte bei jedem weiteren Ziel höher.

Werde dir an dieser Stelle bewusst: *Du kannst wirklich alles haben, was du willst.* Wichtig ist nur eine korrekte und präzise Zielplanung, womit wir erneut beim Gegenstand dieses Kapitels wären. Es ist unerlässlich, dass du dir einen Plan für dein Leben aufstellst und diesen in mehrere Etappen unterteilst. So bewegst du dich vom einem Punkt zum nächsten. Im Zuge deiner Planungen – dieser Ratgeber hier erläutert dir minutiös bis ins Detail, wie sich am besten planen lässt – wirst du Folgendes feststellen: *Wie hoch dürfen die Ziele überhaupt sein?* Alles, was sich zumindest nicht im Ansatz planen

Klare Ziele

lässt, ist fürs Erste unerreichbar! Das bedeutet nicht, dass sich daran nichts ändern kann. Bei der Aktualisierung deiner Ziele wirst du merken, wenn ein zuvor nicht erreichbares Ziel dir näher rückt. Dann wirst du Änderungen vornehmen. **Am Anfang der Zielsetzung steht, dass du lediglich planbare und somit erreichbare Ziele setzt.** Mehr dazu in den weiteren Kapiteln. Alles aber, was realistisch planbar ist, kannst du auch umsetzen. Mal angenommen, du würdest dies schon mit 16 Jahren begreifen, dann wäre dein Weg zum Millionär theoretisch ein ganz einfacher:

- In der Schule ordentlich pauken und einen Schnitt von 1,0 erzielen.
- Medizin mit Bestnoten abschließen und anfangen, als Arzt zu arbeiten.
- Bei einem durchschnittlichen Jahresverdienst von 60.000 € im Jahr sammelt sich innerhalb von weniger als 20 Jahren 1 Million Euro an.

Das klingt zu einfach? Aber genauso einfach sind die Dinge in der Theorie! Wenn Pannen ausbleiben und du deine Zielsetzungen konsequent umsetzt, ist es in der Praxis genauso simpel. Du wirst im weiteren Verlauf des Ratgebers in die Tiefe gehen, um die Ziele festzulegen, an denen dir wirklich gelegen ist, und sie – egal, wie hoch und wie weit entfernt sie sind – im Laufe der Zeit mit möglichst hoher Wahrscheinlichkeit erreichen zu können. Dabei wird eine Sache so bedeutend sein, wie wohl kaum eine andere: *Die Antworten findest du in dir selbst.* Niemand kann dir die Entscheidung abnehmen, wenn du zwischen mehreren Zielen oder Optionen schwankst. Andere Menschen können dich beraten, aber die Entscheidungen über die Ziele, die nur dich betreffen, triffst du selbst. Damit einher geht, dass du die Verantwortung zu tragen hast.

> **Hinweis!**
>
> Verantwortung ist ein kritischer Punkt. Personen, die es nicht gewohnt sind, Verantwortung zu übernehmen, neigen dazu, ein fremdbestimmtes Leben zu führen. Begründen lässt sich diese Behauptung wie folgt: Wenn du eine Entscheidung treffen musst, aber sie dir schwerfällt, fragst du andere. Bist du dir unsicher oder hast Angst vor der jeweiligen Sache, dann kannst du die Verantwortung auf die Person, die dich beraten hat, abwälzen. Verantwortung abwälzen zu können, verschafft vielleicht etwas Beruhigung in den Gedanken. Doch es hilft dir nicht dabei, ein selbstbestimmtes Leben zu führen und deine Träume zu verwirklichen. Handle und übernimm die Verantwortung! Jetzt beginnt dein selbstbestimmtes Leben.

Dein Umfeld übt Macht auf dich aus

Dein Umfeld und du, ihr übt große Macht auf einander aus. Ihr könnt euch gegenseitig helfen oder schaden; ob bewusst oder unbewusst. Sicher hast du dich schon einmal in einem Umfeld oder zumindest Gespräch mit einer Person befunden, die gänzlich andere Interessen und einen anderen Charakter als du hatte. Ihr seid nicht gemeinsam auf einen Nenner gekommen und habt euch nicht ganz wohl gefühlt. Mit der Zeit hätten sich sicher Gemeinsamkeiten und ein angenehmer gemeinsamer Umgang ergeben, aber dazu ist es nun mal nicht gekommen. Stelle dir nun vor, dass es Menschen gibt, die sich regelmäßig mit solchen Situationen konfrontiert sehen: Ein extremer Fall sind Mobbingopfer. Sie befinden sich in einem Umfeld, das nicht nur gegensätzlich ist, sondern komplett destruktiv gegen sie agiert. Was sind die möglichen Auswirkungen davon auf die Person? Sie fühlt sich einsam, schlimmstenfalls sogar minderwertig, zweifelt an sich und entwickelt möglicherweise sogar psychische Probleme.

Natürlich gibt es auch positive Beispiele: Personen, die so viele Gesprächsthemen beherrschen und so eine Ausstrahlung haben, dass sich fast jeder Mensch zu ihnen hingezogen fühlt. Sie sind auf der Höhe, haben immer Gesellschaft, oft ein ausgeprägtes Selbstvertrauen und können auf Unterstützung in schwierigen Zeiten hoffen.

Was wäre nun, wenn du erführest, dass auch du die zuletzt beschriebene Person sein kannst? Es liegt in deiner Hand, dir ein Umfeld aufzubauen, das dich hervorragend ergänzt. Sogar aus der schlechtesten Startposition heraus bist du in der Lage, dir einen Familien-, Freundes- und Bekanntenkreis aufzubauen, in dem du dich hervorragend fühlst und – ganz wichtig – den Personen von deiner Seite aus ein hervorragendes Gefühl gibst.

Das Umfeld kann Antreiber und Hindernis zugleich sein. Dieser Ratgeber wird dir den Weg weisen, um das Umfeld möglichst passend zu deinen Zielen zu wählen. Dir wird dabei die freie Wahl obliegen, zu entscheiden, welche Personen du in dein Umfeld hineinlässt. Vorteilhaft sind Personen, denen du vertrauen kannst und die dich bei deinen Vorhaben unterstützen. Gegenseitige Wertschätzung ist von großer Bedeutung, sie sollte sich auch in der Wortwahl widerspiegeln. Zu guter Letzt hat emotionale Intelligenz einen hohen Stellenwert.

Abschlussaufgabe

Die Abschlussaufgabe zum ersten Kapitel läutet deinen Wandel ein; einen Wandel von einem Menschen mit lauter faszinierenden Träumen, die nach einer klaren Richtung zur Umsetzung verlangen, hin zu einem Menschen mit absolut präziser Verfolgung von Zielen. Am Anfang steht die Bestandsaufnahme: Schreibe all die Dinge in Stichpunkten auf, die dir in diesem Kapitel besonders wichtig erschienen. Vor allem solltest du Informationen aufschreiben, die du noch gar nicht bedacht hattest. Häufig steckt der Teufel im Detail: Vielleicht sind in den kleinen Lehren dieses Kapitels die Antworten darauf verborgen, wieso du bisher nicht all deine Ziele so erreicht hast, wie du es dir gewünscht hast. Notiere außerdem die Dinge, die du bei dir offensichtlich als Defizite ausmachst, wenn es um das Erreichen von Zielen geht.

1. Schritt | Was muss sein?

So ungern man es manchmal hört: *Einige Dinge müssen sein*. Sie lassen sich nicht verhindern. Auch wenn du morgens am liebsten im Bett liegen bleiben würdest, so tust du es dennoch nicht. Weil Arbeit, Vorlesung, das schreiende Baby oder andere Verpflichtungen dich zu einem gegensätzlichen Handeln bewegen. Also tust du, was du musst. Es gibt weitere **Verpflichtungen** abgesehen vom frühen Aufstehen, die du verfolgen *musst*. Einige davon sind sogar notwendig, um zu existieren. Andere sind mehr oder weniger selbst gewählt, wie beispielsweise der Beruf oder das Baby. Der Beruf ist, obwohl selbst gewählt, nötig, um Geld zu verdienen. Das Baby braucht eine Erziehung, um alles zu erlernen, was für das Kindes- und spätere Jugendlichen- und Erwachsenenleben notwendig ist; ebenfalls eine Pflicht also.

Dieses Kapitel hilft dir dabei, deine Verpflichtungen zu ermitteln und sie zu planen. Denn bevor du an deinen Wünschen und Träumen arbeiten kannst, musst du dein Pflichtprogramm abdecken. Ansonsten wird es für deine Gesundheit, deine Zahlungsfähigkeit oder deine Familie schlimmstenfalls kritisch. Es erwartet dich eine sehr wichtige Lektion, die ein Schlüssel dazu ist, dein Leben langfristig entspannter zu gestalten:

So sehr es heute vielleicht noch danach aussehen mag, dass du in deinem Alltagstrott gefangen bist und deine Pflichten dich nie loslassen werden, mindestens genauso sehr täuscht dieser Eindruck. Denn langfristig lässt sich einiges an den Verpflichtungen verändern. Dadurch hast du die Chance, ein Leben zu führen, wie du es dir erträumst. Anderer Beruf? Mehr Gehalt? Passives Einkommen? Entspannteres Familienleben? Alles im Rahmen des Machbaren, zum Teil aber erst langfristig.

Existieren

Seit jeher in der Geschichte der Lebewesen war es das Ziel, die eigene Spezies am Leben zu erhalten. Überleben und Fortpflanzung dienten dem Erreichen dieses Ziels. Heute ist beides einfacher. Das Überleben ist kein blanker Kampf mehr, wie es zu Zeiten der Neandertaler noch der Fall gewesen sein mag. Die Fortpflanzung ist sichergestellt, selbst wenn nicht jede Person sich dazu entscheidet, Kinder zu haben. Nahrung ist in Läden erhältlich und in den meisten Ländern kann sie sich die große Mehrheit der Bevölkerung problemlos leisten. Die medizinische Versorgung in Deutschland ist gut. Krisenzeiten wie die Corona-Pandemie haben im Vergleich zu anderen Nationen gezeigt, wie gut das deutsche Gesundheitssystem dasteht. Die Tatsache, dass die **Sicherung der Existenz einfacher geworden** ist, verschafft vor allem den Menschen in den hochentwickelten Industrieländern **Vorteile:**

> ➢ Mehr Zeit! Früher ging einiges an Zeit für das Jagen oder den Ackerbau verloren, um sich ernähren zu können. Diese Zeit ist nun eingespart, weil die Nahrungsmittel einfach gekauft werden können. Fast Food für die ganz schnellen Alltagsabläufe macht ebenfalls einiges leichter.
> ➢ Mehr Sicherheit! Vor einigen Jahrhunderten konnte eine einfache Grippe den Tod bedeuten. Heute können Krankheiten immer besser behandelt werden und die allgemeine Lebenserwartung steigt.
> ➢ Mehr Aufklärung! Die Menschen sind teilweise bis ins Detail darüber informiert, was beim Mangel eines bestimmten Vitamins im Körper passiert oder

wie sich mangelnder Schlaf auswirkt. So kann negativen Folgen für Gesundheit und Psyche vorgebeugt werden.

Führe dir jetzt einmal vor Augen, was für riesige Vorteile du in die Wiege gelegt bekommen hast, als du in diesem Zeitalter das Licht der Welt erblickt hast! Tue das mit einem Gefühl der Dankbarkeit. Denn Dankbarkeit ist ein Grundbaustein, um das Leben positiv anzugehen.

> ### Meine Erfahrungen
> Ich selbst hatte einst einen grippalen Infekt und kein Paracetamol oder ein anderes fiebersenkendes Mittel bei mir zuhause. Am zweiten Tag meines Infekts schlug mein Herz mehrere Stunden lang über 200 Schläge die Minute – das hält man nicht lange aus! Tatsächlich musste bei diesem scheinbar „banalen" grippalen Infekt der Rettungsdienst anrücken und ich blieb zwei Tage im Krankenhaus. In dieser Situation begriff ich zumindest annähernd, was für ein Privileg wir dadurch genießen, dass wir heutzutage Medikamente haben, die früher tödliche Infekte innerhalb eines oder zwei Tage komplett kurieren. Tatsächlich starben früher Menschen im jüngsten Alter wegen grippaler Infekte. Heute haben wir es im Vergleich dazu in den meisten Staaten und Gegenden wesentlich besser.

Deine Existenz und die vieler anderer Menschen in der deutschen Bevölkerung hat sich im Verlaufe der letzten Jahrhunderte und auch der letzten Jahrzehnte verbessert. Vieles ist einfacher geworden, Vieles ist besser geworden. Natürlich gibt es in diesem Land noch Ungleichheiten, es geschehen Verbrechen und es herrschen riesige Einkommensunterschiede zwischen Arm und Reich. Aber wenn man es optimistisch sehen und sich selbst motivieren möchte – und

Klare Ziele

genau das empfehle ich dir, weil es keinen Sinn macht, sich auszubremsen –, dann gelangt man zur Erkenntnis, dass sich auch für die Geringverdiener in der Gesellschaft einiges verbessert hat. Schließlich haben auch Geringverdiener durch die Unterstützung des Staates meist ein Dach über dem Kopf, ihre Kinder können zumindest in die Schule gehen und für ein besseres Leben lernen sowie arbeiten, und nicht selten besitzen sie sogar einen Plasma-Bildschirm mit Netflix-Abo zum Zeitvertreib. Es ist nicht die Regel, aber kommt doch vor. Davon konnten Geringverdiener vor einem Jahrhundert nur träumen.

Mit den im Großen und Ganzen verbesserten Existenzbedingungen eröffnen sich dir Spielräume, um …

> ➤ zum einen an der Qualität der Erfüllung deiner existenziellen Bedürfnisse zu arbeiten und
> ➤ zum anderen hier und da Umstrukturierungen vorzunehmen, um letzten Endes
> ➤ alle Ziele, die du hast, zu fördern und zu unterstützen.

Existenzielle Bedürfnisse bzw. Ziele (Essen, Trinken, Schlafen, medizinische Versorgung sowie Absicherung und weitere) sind die Grundbausteine, auf denen alle anderen Ziele aufbauen. Du wirst beispielsweise nicht gut arbeiten können, wenn du zu wenig schläfst und die Erholung nicht passt. Schlimmstenfalls machst du Fehler, die dich deinen Job kosten. Oder aber du ziehst es langfristig durch und behältst deinen Job, aber erleidest irgendwann psychische Erkrankungen, weil du dich überforderst. Ungesundes Essen ist eine Gefahr, die z. B. sogar ins Krankenhaus oder zu teuren Zahnoperationen führen kann.

Mit den langfristig negativen Auswirkungen auf die Psyche habe ich selbst schockierende Erfahrungen gemacht, die mein Handeln bis heute prägen: Als ich mich das erste Mal selbstständig machte, setzte ich alles auf eine Karte. Altersvorsorge? Darum kann ich mich kümmern, wenn ich älter bin. Im jungen Alter muss ich erstmal Kapital generieren und mein Business vergrößern. Gesetzliche Krankenversicherung? Zu teuer für junge Personen, stattdessen lieber in die private Krankenversicherung. Und reichlich Schlaf? Den Schlaf kann man nachholen, wenn man tot ist. Was letzten Endes prekär für mich war, waren die letztgenannten zwei Punkte: Krankenversicherung und Schlaf. Die Altersvorsorge setzte ich vier Jahre später verantwortungsbewusst in die Tat um und machte damit alles richtig. Aber bei der Krankenversicherung war ich nicht sehr vorausschauend. Obwohl ich eine Vorgeschichte mit dem Herzen hatte, verheimlichte ich diese und schummelte mich so in die günstigere private Krankenversicherung. Schlafen tat ich sehr wenig und arbeitete des Öfteren mal bis zu 60 Stunden am Stück – Koffeinpillen und Energy-Drinks machten es möglich. Mit meinem Herz passierte nichts, aber stattdessen mit meiner Psyche nach ungefähr zweieinhalb Jahren. Ich war ausgelaugt, arbeitete trotzdem weiter. Irgendwann kamen diverse körperliche Signale, wozu u. a. Kopfschmerzen, Verdauungsprobleme und später sogar Zahnprobleme gehörten. Der Stress hatte in meinem Mund mehrere Geschwüre entstehen lassen. Weil ich kaum Essen konnte, nahm ich ab, erlitt einen Nährstoffmangel und schwächte mein Immunsystem. Da stand ich nun, mit einer supergünstigen privaten Krankenversicherung, aber einem hohen jährlichen Selbstbehalt für medizinische Behandlungen. Ich musste für die Behandlungen große Mengen an Geld aufbringen. Als ich nach einem Jahr voller Arztbesuche, Behandlungen und mit reichlich Erholung so „wohlhabend" wie zu Beginn meiner Selbstständigkeit und somit nicht vom Fleck gekommen war, wurde ich vernünftig. Ich fokussierte die Erholung und eine gesunde Ernährung, stufte meinen Krankenversicherungstarif für vernünftige Leistungen höher und kam in den folgenden vier Jahren wesentlich weiter als zuvor – weil ich klar im Kopf war, mein

Körper und meine Psyche erholt waren und ich die richtigen Entscheidungen treffen konnte.

Wenn ich dir jetzt sagen würde, dass die Qualität deines Steaks oder des Gemüse-Ratatouilles darüber entscheidet, wie erfolgreich du wirst, würdest du mich für verrückt erklären. Glücklicherweise will ich das auch gar nicht sagen. Denn zu Unbeschwertheit und Ausgeglichenheit gehört es, auch mal die Fertigpizza im Discounter zu kaufen und sich daheim mit den Liebsten für einen fettreichen und sündhaft faulen Abend zusammenzusetzen und Netflix zu sehen. Wichtig ist vielmehr, ein gesundes Maß zu wahren. Letztlich sind es die vielen Kleinigkeiten, die zusammenaddiert werden und zu einem Ergebnis führen. Wenn du größtenteils gesund und nachhaltig deine existenziellen Bedürfnisse befriedigst, machst du bereits vieles richtig und förderst deine Ziele.

Hinweis!

Du hast dir ein Buch über das Setzen und Erreichen von Zielen geholt. Nun ist eine der ersten Sachen, die du hörst, dass du das Schlafen, Essen und andere Bedürfnisse bei der Zielsetzung berücksichtigen sollst. Geht das nicht ein bisschen am Thema vorbei? Du wirst merken, dass genau das Gegenteil der Fall ist. Für diese Bedürfnisse solltest du eine Menge Zeit im Tagesablauf einplanen. Wenn du diese Bedürfnisse und deren Zeitaufwand nicht berücksichtigst und dir zu viele Ziele setzt, wirst du entweder deinen Schlaf oder das entspannte Essen kürzen oder aber gesetzte Ziele wieder streichen müssen. Nimm also die existenziellen Bedürfnisse und die folgenden Ratschläge dazu ernst. Deine Gesundheit und Zielsetzung werden es dir danken!

Wie wichtig ist die Qualität?

Die Qualität bei der Deckung der existenziellen Bedürfnisse spielt eine entscheidende Rolle. Bist du schon einmal aus einem Bett aufgestanden, das zu klein für dich war? Hast du danach Muskel- und Gelenkschmerzen gehabt? Falls ja, dann stelle dir bitte vor, du hättest zusätzlich auch noch zu wenig geschlafen. Je häufiger dieses Szenario auftritt, desto weniger erholt wirst du sein. Bei der Schlafdauer sind sich die Wissenschaftler weitestgehend einig: Sechs bis acht Stunden Schlaf gelten als optimal. Mehr noch: Sechs bis acht Stunden lassen dich sogar länger leben, wie die Ärztezeitung in Berufung auf ein Mammutprojekt mit sage und schreibe 117.000 Teilnehmern berichtet! Vielschläfer, die deutlich länger schliefen, hatten folgende Probleme:

- ➢ körperliche Trägheit
- ➢ Depressionen oder häufige depressive Zustände
- ➢ Zigaretten- und Alkoholkonsum
- ➢ Bluthochdruck

Extreme Kurzschläfer demgegenüber litten des Öfteren an Diabetes und Übergewicht. Ansonsten wurden wenige Krankheiten bei Kurzschläfern beobachtet, dafür aber umso mehr Unfälle. Naheliegend ist nämlich, dass zu wenig Schlaf die Konzentration schwächt.

Auch für die Schlafqualität ist die Schlafdauer ein entscheidender Punkt. Weder zu lang noch zu kurz sollte sie sein, beides ist mit Nachteilen und Gefahren verbunden. Für den Hormonspiegel ist es am besten, bei Dunkelheit zu schlafen, so wie es der Natur entspricht. Außerdem ist die Raumtemperatur zu beachten: Zwischen 16 und 19 Grad gelten als ideal, da so nach dem Einschlafen das Wachstumshormon Somatropin am besten aktiviert wird. Dieses Hormon hat Einfluss auf die Reparaturprozesse von Muskeln, Haut und Haaren. Verbleibt noch die Frage nach einer gemütlichen und ergonomischen Liegefläche: Bequemes Schlafen sorgt für schnelleres Einschlafen und mehr körperliches Wohlbefinden während des Alltags. Die einfachste Lösung ist, dir eine Matratze und Kissen zu kaufen, die du nach einem Probeliegen als bequem empfindest. Falls du Lust auf und das Geld für eine professionelle Lösung hast, kannst du dir Liegefläche und Kissen individuell an deinen Körper anpassen lassen.

Auch anderen Autoren, wie Calvin Hollywood in seinem Ratgeber *Wer will, der kann!* (2018), betonen die Wichtigkeit von ausreichend Schlaf zur optimalen Zeit: „*Es kommt wirklich sehr, sehr selten vor, dass ich mal nach 22 Uhr ins Bett gehe. Ja, ein paar Ausnahmen gibt es sicherlich: wenn ich zum Beispiel einen Langstreckenflug habe und über Nacht unterwegs bin, oder auch an Silvester. Aber generell ist es so, dass um 21.30 Uhr mein Wecker klingelt, der mir mittteilt, dass ich mich jetzt auf den Schlaf vorbereiten sollte. Mein Ziel ist es, stets zwischen sieben und acht Stunden Schlaf zu bekommen, um dann am Folgetag wirklich topfit zu sein.*"

> **Hinweis!**
>
> Nur damit du es wirklich verinnerlichst, worüber wir hier sprechen: Du verbringst täglich sechs bis acht Stunden schlafend im Bett. Mit zunehmendem Alter verringert sich diese Dauer aufgrund des sinkenden Grundumsatzes. Rechnet man der Einfachheit halber mit den sechs bis acht Stunden, so spielen sich 25 bis ca. 33 % deines Lebens im Bett ab! Wenn dieser Anteil deines Lebens nicht die gebührende Aufmerksamkeit bekommt, werden die anderen Anteile negativ beeinflusst. Durch Wechselwirkungen (siehe Kapitel 1: Der Mensch und sein Umfeld sind Systeme)

> kann es dazu kommen, dass schlechter Schlaf sogar die Hälfte deines Lebens negativ beeinflusst. Nimm daher diesen Abschnitt über das Schlafen ernst und bemühe dich um optimale Schlafbedingungen.

Der nächste wesentliche Punkt, um Qualität bei den existenziellen Bedürfnissen und Zielen sicherzustellen, sind Essen und Trinken. Mit der richtigen Ernährung fühlst du dich besser, beeinflusst deine Gesundheit positiv und erhöhst die Wahrscheinlichkeit auf physische sowie psychische Leistungsfähigkeit. Am besten lässt sich dies anhand eines Sportlers zeigen. Sportler brauchen Ressourcen, wozu vor allem Energie zählt. Diese wird über einen langfristigen Zeitraum durch Kohlenhydrate zur Verfügung gestellt. Kohlenhydrate sind aber nicht gleich Kohlenhydrate. Der darunter befindliche Zucker sorgt nur für einen kurzen Energieschub. Am besten für langfristige Leistungsfähigkeit sind langkettige Kohlenhydrate, z. B. aus Vollkornprodukten und Gemüse. Für den Sportler mag diese Empfehlung besonders gelten, damit er seinen Marathon schafft, doch für Angestellte im Büro gilt es auch. Falls der Frühstücksmuffel morgens nur Kaffee zu sich nimmt und gegen Vormittag eine Packung Haribo verputzen muss, um das Leistungslevel anzuheben, wurde etwas grundlegend falsch gemacht. Denn außer einem kurzen Leistungsschub durch den schnellen Anstieg des Blutzuckerspiegels kommt später wenig dabei rum. Die Ernährung hat keine Qualität. Stattdessen ist der Grundstein für Diabetes und Übergewicht gelegt.

Um Qualität in der Ernährung sicherzustellen, ist der einfachste Weg die Befolgung der zehn Regeln der DGE:

Klare Ziele

1. Vielfältig essen und vor allem pflanzliche Lebensmittel in den abwechslungsreichen Speiseplan integrieren.
2. Täglich mindestens drei Gemüsesorten und zwei Obstsorten essen.
3. Unter den Getreideprodukten die Vollkornprodukte bevorzugen.
4. Milch- und Milchprodukte täglich, Fisch bis zu zweimal die Woche und maximal 300 bis 600 Gramm Fleisch in der Woche essen.
5. Überwiegend pflanzliche Öle zur Deckung des Fettbedarfs nutzen.
6. Anstelle von Zucker und Salz lieber mit Kräutern und Gewürzen würzen.
7. Mindestens 1,5 Liter Wasser pro Tag trinken. Ansonsten kalorienfreie oder -arme Getränke, wie z. B. Tee, bevorzugen.
8. Lebensmittel schonend zubereiten, um den Gehalt an Mikronährstoffen möglichst hoch zu halten.
9. Langsam essen und zwischen den Mahlzeiten Pausen festlegen.
10. Die Entwicklung des Körpergewichts im Blick behalten und sich regelmäßig bewegen.

Informiere dich gern tiefergehend über diese Punkte. Nutze als Quellen am besten offizielle Websites von anerkannten Instituten oder Fachliteratur, denn viele Internetquellen vermitteln die Informationen lückenhaft oder nicht korrekt. Stelle deine Ernährung gern schrittweise in diese Richtung um. Es ist keine 180°-Wendung notwendig. Zudem ist hier und da eine Ausnahme und eine Süßigkeit erlaubt, denn sich selbst durch unnötige Enthaltsamkeit zu kasteien, ergibt keinen Sinn, weil es für die meisten Personen die Lebensfreude senkt. Eine gesunde Ernährung optimiert dein Wohlbefinden. Zögere daher nicht, Modifizierungen bei deiner bisherigen Ernährung langsam vorzunehmen, damit du dich wohlfühlst.

Auch Wohlbefinden ist ein existenzielles Bedürfnis, weil ein Leben in Schmerzen und Einschränkungen schwierig ist. Das Wohlbefinden förderst du durch die bereits erwähnten Hinweise zu Schlaf und Ernährung. Außerdem sind Hygiene und Entspannungsmaßnahmen wichtig.

> **Hinweis!**
> Wenn du mein Buch über das Entwickeln mentaler Stärke gelesen hast, wird dir das körperliche Wohlbefinden in einem anderen Zusammenhang geläufig sein: Wertschätzung. Sich selbst gegenüber Wertschätzung zu zeigen, ist ein Grundbaustein dafür, zufrieden mit sich selbst zu werden und Motivation sowie Zuversicht für die anstehenden Aufgaben und Ziele zu entwickeln.

Du hast die freie Wahl bei den Methoden zur Steigerung deines Wohlbefindens. Entspannungsmethoden wie die Meditation haben sogar das Potenzial, die Schlafqualität zu verbessern. Hier siehst du die Wechselwirkungen, die beim System „Mensch" auftreten können, mal von einer positiven Seite aus: Du ergreifst mit der Meditation eine Maßnahme, die dein körperliches Wohlbefinden steigert, und förderst damit gleichzeitig die Schlafqualität.

Weitere Maßnahmen für die Steigerung des körperlichen Wohlbefindens sind u. a. Massagen, Dehnübungen, Sport, Spaziergänge, Yoga. Zudem steigert Hygiene das körperliche Wohlbefinden. Sie ist sogar ein entscheidender Part der Gesundheit. Zur Hygiene und Gesundheit gehört beispielsweise, zweimal im Jahr die empfohlene professionelle

Zahnreinigung in einer Zahnarztpraxis in Anspruch zu nehmen. Es ist die einzige Hygienemaßnahme bei gesunden Menschen, die wirklich ärztlicher Umsetzung bedarf. Nimm sie also besonders ernst, denn Operationen an den Zähnen oder gar Zahnersatz können schneller notwendig werden, als man es sich vorstellt. Dies ist unangenehm und teuer. Das Erreichen von Zielen kann dadurch sogar immens beeinträchtigt werden. Wie du siehst: Die Kleinigkeiten machen es aus.

Methoden und Ansätze zur Umstrukturierung

Ich habe nun für dich eine Liste mit den existenziellen Bedürfnissen erstellt, die absolut notwendig sind. Am besten kopierst du diese Liste so, wie sie ist, auf ein Blatt Papier um in der Folge deine ersten Verpflichtungen für ein gesundes Leben festzulegen und sie zeitlich einzuschätzen:

Muss-Ziel	Hinweise	Zeitaufwand
Schlafen		
Ernährung		
Hygiene		
körperliches Wohlbefinden		

Die gute Botschaft für dich an dieser Stelle ist, dass du Spielräume bei der Planung dieser Bereiche hast. Beim Schlafen kannst du zwar nur zwischen sechs und acht Stunden Dauer wählen, aber immerhin hast du zwei Stunden Spielraum. Hinsichtlich der Ernährung bestehen Möglichkeiten zu gesundem Fertigessen oder Bestellungen, um Zeit einzusparen, oder aber dazu, selbst zu kochen, um Geld zu sparen. Nun gehen wir die Methoden und Ansätze zur Umstrukturierung, um Zeit oder Qualität bei deinen existenziellen Bedürfnissen zu gewinnen, durch.

Aufgabe 1

Nachdem du die Liste bzw. Tabelle von oben auf ein Blatt Papier übertragen hast, beginnt die Arbeit. Die erste Liste nutzt du, um dein bisheriges Verhalten zu dokumentieren. Notiere, wie viel Zeit du täglich den vier Bereichen gewidmet hast. Falls du etwas nicht täglich gemacht hast, rechne von der Woche auf den Tag runter, indem du die Stunden, die du einer Sache im Laufe der Woche gewidmet hast, durch 7 teilst.

Bei mir kam früher beispielsweise folgendes Bild heraus:

Muss-Ziel	Hinweise	Zeitaufwand
Schlafen		10 Stunden
Ernährung		2 Stunden
Hygiene		45 Minuten
körperliches Wohlbefinden		0,5 Stunden

Ich sah bei mir das größte Defizit beim Schlafen und bei dem körperlichen Wohlbefinden. Ich kam früher auf nur 0,5 Stunden körperliche Entspannung täglich. Meine Änderung war, zwei Stunden weniger zu schlafen. Dadurch wurden 2 Stunden frei, von denen ich eine in körperliches Wohlbefinden investierte. Die andere Stunde bewahrte ich mir auf, um sie anderweitig einzusetzen. So entstand folgende Tabelle:

Muss-Ziel	Hinweise	Zeitaufwand
Schlafen		8 Stunden
Ernährung		2 Stunden
Hygiene		45 Minuten
körperliches Wohlbefinden		1,5 Stunden

Klare Ziele

> Führe die Aufgabe genauso bei dir durch. Überlege dir dabei, wo du Verbesserungen vornehmen möchtest, um z. B. mehr Zeit zu gewinnen oder mehr Zeit in ein besseres Wohlbefinden zu investieren.

Diese Aufgabe leuchtet ein, aber ist ziemlich theoretisch. In der Praxis kommen nämlich die großen Herausforderungen auf: Wie setze ich meine Bestrebungen um? Eine populäre Hürde ist das frühe Aufstehen: Wie gelingt es dir, früh aufzustehen? Meistens hat man sich zu langen Schlaf oder zu kurzen Schlaf angewöhnt. An dieser Stelle wartet auf dich ein anspruchsvoller Weg der Umgewöhnung. Einerseits hilft dir mein Buch „Gewohnheiten der Gewinner", um Umgewöhnungen erfolgreich durchzuführen. Andererseits sollten sich folgende drei Blitz-Tipps als hilfreich erweisen:

I. Gehe schrittweise vor. Versuche z. B., nicht sofort zwei Stunden früher aufzuwachen, sondern zunächst zwei Wochen lang eine halbe Stunde früher. Steigere dich anschließend auf eine Stunde und so weiter.
II. Setze dir Hürden für schlechte Gewohnheiten. Indem du die Ausübung schlechter Gewohnheiten nicht möglich machst, ist eine Umgewöhnung wesentlich einfacher.
III. Belohne dich für erfolgreiche kleine Schritte bei den Umgewöhnungen. Dadurch steigerst du aller Voraussicht nach dein Durchhaltevermögen.

Als Ergänzung zu dieser Aufgabe sind hier ein paar Infos, wie du in den einzelnen Bereichen Umstrukturierungen vornehmen kannst: Im Bereich Ernährung kannst du z. B. den Zeitaufwand steigern, wenn du bei dir feststellst, dass du immer zu wenig Zeit zum Essen oder Kochen hast. So kommt mehr Qualität und wahrscheinlich mehr Frische in die Ernährung. Wenn du bei der Übersicht in der Tabelle findest, dass du zu viel Zeit in Ernährung investierst, kannst du darüber nachdenken, ob du die Qualität nicht minimal reduzierst, indem du hin und wieder Fertigessen kaufst oder weniger umständlich kochst. Eine gute Option, um schnell an Essen zu kommen, sind Imbisse unterwegs oder Bestellungen nach Hause.

> *Hinweis!*
>
> Diese scheinbaren Kleinigkeiten, die du bis jetzt geplant und zeitlich eingeordnet hast (Schlaf, Ernährung etc.) entscheiden darüber, ob du täglich zwei Stunden oder sogar drei Stunden mehr oder weniger zur Verfügung hast, um an deinen Träumen zu arbeiten. Unterschätze diese Dinge nicht. Denn ansonsten kommt es dazu, dass alles wieder den gewohnten Lauf nimmt: Du bleibst in einem Hamsterrad gefangen und verfehlst deine Ziele teilweise oder komplett. Dieser Ratgeber und dein Erfolg leben davon, dass du genau planst und Ziele festlegst. Hierfür schaffst du mit der Planung deiner existenziellen Bedürfnisse einen Zeitrahmen. Vor allem bei Langschläfern kann ein Zeitgewinn von 2 Stunden durch kürzeren Schlaf Wunder bewirken, weil er zeitlich neue Kapazitäten zum Erreichen von Zielen schafft.

Mit beiden Beinen fest im Leben stehen

Weil es im Leben nicht nur darum geht, zu existieren (das ist der soeben thematisierte Teil deiner Verpflichtungen), sondern außerdem darum, mit beiden Beinen fest im Leben zu stehen, geht die Planung nun weiter: Was braucht man, um mit beiden Beinen fest im Leben zu stehen? Welche Ziele muss man sich setzen?

- ➢ Finanzierung des Lebenswandels
- ➢ Absicherung bis ins hohe Alter

> Absicherung in Notfällen

Wenn du nicht genug Geld auf der hohen Kante hast, um deinen Lebensunterhalt ohne Arbeit zu finanzieren, ist ein Job für regelmäßiges Einkommen notwendig. Fakt ist: Arbeit kostet Zeit. Dementsprechend ist Arbeit bei den meisten Personen ein fester Bestandteil der Agenda. Die Alters- und Gesundheitsvorsorge ist ebenfalls von Bedeutung, wobei diese meist einen finanziellen Aufwand anstelle eines zeitlichen Aufwandes birgt. Wie wichtig Altersvorsorge ist, zeigt sich insbesondere bei langfristig ausgelegten Zielen: Wenn du auch im hohen Alter noch agil sein und die Welt erkunden möchtest, benötigst du eine gute Rente. Die Absicherung für Notfälle erfolgt durch die Kranken- und Pflegeversicherung, Haftpflichtversicherung gegen verursachte Schäden und weitere individuell notwendige Versicherungen.

Nun ist dieses Buch kein Versicherungsratgeber, weswegen bei den Versicherungen nicht in die Tiefe gegangen wird. Aber eines sei gesagt: Langfristig sind viele Veränderungen möglich! Falls du jetzt noch nicht mit deinem Hauptberuf, deiner späteren Rente oder anderen Dingen zufrieden bist, hast du langfristig die Chance auf Änderungen! Viele Personen, die ihre Träume weder erreichen noch sich diese zum Ziel setzen, geben sich dem Irrglauben hin, dass der jetzige Job für alle Ewigkeiten ist. Sie sehen sich im Job gefangen, weil sie eine Ausbildung gemacht haben und bereits längere Zeit in dem jeweiligen Job tätig sind. Aber das ist nicht richtig. Wie bereits erwähnt, kannst du alles haben, was du willst! Hierfür sind nur die **richtigen langfristigen Ziele** zu planen.

Langfristig lässt sich einiges bewegen

Es ist in den meisten Fällen so, dass der Job nicht von heute auf morgen gewechselt werden kann. Mal angenommen, du bist Maler oder Krankenpfleger und unzufrieden mit deinem

Beruf: Heute arbeitest du deine acht Stunden und morgen auch. Du hast – außer bei ganz unwahrscheinlichen Ereignissen wie einem Lotto-Gewinn – keine realistische Möglichkeit, deinen Job von einem Tag auf den anderen zu wechseln. Wenn du jedoch langfristig nebenberuflich auf eine Veränderung hinarbeitest und diese Zeit akkurat planst, kannst du in fünf bis acht Jahren mit hoher Wahrscheinlichkeit deinen Traumjob erlangen.

> ### *Meine Erfahrungen*
>
> Eine Erfahrung, die ich bereits in einem anderen Buch dieser Reihe geteilt habe, ist meine berufliche Transformation. Ich muss gestehen, dass ich es einfacher hatte als andere Personen. Ich arbeitete als Dozent an nur drei Tagen in der Woche und verdiente trotzdem ein Vollzeitgehalt, sodass ich mich nicht beklagen konnte. Aber der Job war anstrengend. Ständig trug ich dieselben Inhalte vor. Die Aufstiegsmöglichkeiten waren begrenzt. Also suchte ich nach Veränderung und fand sie: Neben meiner damaligen Tätigkeit als Dozent baute ich mir im Bereich Online-Marketing eine weitere Selbstständigkeit auf, in der ich mein Business beliebig erweitern konnte. Ich hatte eine positive Vision und schließlich den Mut, meine bisherige Stelle aufzugeben und im Online-Marketing mein Glück zu versuchen. So erlangte ich mit der Zeit einen Job, den ich liebte und bis heute liebe, sowie Perspektiven, die unbegrenzt sind.

Das Online-Marketing ist nicht für jeden etwas. Du hast einen anderen Traum oder wirst einen persönlichen Traum finden. Es muss sich dabei nicht zwingend um den Hauptberuf handeln. Du kannst dich ebenso auf andere Sachen konzentrieren. Beispielsweise kannst du dir vornehmen, dich nicht mehr mit Mietzahlungen für ein Dach über dem Kopf zu belasten. Hierfür setzt du dir das Ziel, eine eigene

Immobilie zu finanzieren. So wird deine existenzielle Verpflichtung „Miete zahlen" irgendwann nicht mehr notwendig sein. Du streichst eine finanzielle Belastung und senkst durch die eigene Immobilie die laufenden Kosten.

Es mag also sein, dass du heute noch acht Stunden Vollzeit arbeiten, die Miete zahlen oder anderen Pflichten nachkommen musst, die dir nicht zusagen. Mit einer positiven Vision, die realistisch umsetzbar ist, erlangst du langfristig die Chance, deine Gegenwart zu ändern. Hierfür findest du nun einen kleinen Exkurs, der die Einteilung von Zielen nach deren Zeitbezug beschreibt.

Zeitbezug von Zielen

Die Einteilung nach dem Zeitbezug von Zielen ist dein Schlüssel dazu, dein Leben grundlegend umzukrempeln. Viele deiner Verpflichtungen, die du von heute auf morgen nicht ändern kannst und die dich unzufrieden stimmen, müssen nicht langfristig Teil deines Lebens sein! Du hast es in der Hand, deine Zukunft zu ändern. Hierfür ist eine langfristige Planung wichtig.

Unternehmen unterteilen ihre Ziele gemäß dem Zeitbezug in kurz-, mittel- und langfristig. Dasselbe macht beim Menschen Sinn. **Kurzfristig** werden die **Verpflichtungen** verfolgt, die wir bereits angesprochen haben und die sich von heute auf morgen nicht ändern lassen, wozu bei einem großen Teil der Bevölkerung vor allem der aktuelle Vollzeitjob und die Finanzierung des Dachs über dem Kopf zählen. Wenn zu wenig Geld, zu wenig Zeit oder andere Ressourcen in nicht ausreichender Menge gegeben sind, ist kurzfristig das Verfolgen all dieser Aktivitäten notwendig. Nichtsdestotrotz kannst du bereits **kurzfristig beginnen, das Leben im Sinne einer langfristigen Planung in eine andere Richtung zu entwickeln.** Das bedeutet: Während du heute deinen

Vollzeitjob ausübst, kannst du dich nebenbei in einen Studiengang eintragen und dadurch vom heutigen Tag an in drei bis fünf Jahren Qualifikationen erlangen, die dich deinen Träumen näher bringen.

Damit du einen besseren Eindruck von den Zeithorizonten bei kurz-, mittel- und langfristigen Zielen erhältst, folgen nun ein paar Zeitangaben. Es gibt keine allgemeingültigen Erklärungen, aber in der Betriebswirtschaftslehre wird von folgender Einteilung Gebrauch gemacht:

- Kurzfristige Ziele sind jene, die innerhalb eines Jahres erledigt werden sollen.
- Mittelfristige Ziele werden auf eine Dauer von bis zu fünf Jahren ausgelegt.
- Unter langfristigen Zielen sind alle Ziele zu verstehen, die Zeithorizonte von über fünf Jahren betreffen.

Diese zeitliche Einteilung lässt sich auf die allgemeine Lebensplanung gut anwenden. Alles, was du jetzt und somit kurzfristig machen musst, um zu existieren und langfristige Veränderungen anzustreben, erledigst du während eines Jahres. Deswegen entscheiden kurzfristige Zielsetzungen maßgeblich über den langfristigen Erfolg.

Mittelfristig hingegen ist mit bis zu fünf Jahren genug Zeit gegeben, um die Weichen für einen neuen Vollzeitjob, eine Immobilie oder eine allgemeine Besserung der Perspektiven zu stellen. Beispielsweise lässt sich in diesen fünf Jahren ein berufsbegleitendes Studium mit Erfolg abschließen. Wenn es ein dreijähriger Bachelor ist, dann kann innerhalb von fünf Jahren sogar der neue Job begonnen werden, der den persönlichen Träumen entspricht und mehr Aufstiegschancen sowie ein besseres Gehalt bietet.

Zuletzt die langfristigen Ziele: In über fünf Jahren kannst du alles erreichen, was im Rahmen deiner Situation realistisch ist. Bist du ein gut verdienender Angestellter mit 3.000 Euro netto im Monat, kannst du in über fünf Jahren Millionär werden; hier sprechen wir realistisch von rund 15 Jahren. Falls du eine Familie gründen möchtest, hast du bei langfristigen Planungen die Chance, einen Partner zu finden und eine berufliche Situation herauszuarbeiten, die dir das Versorgen deiner Familie ermöglicht. Zwar ist so etwas wie eine Familienplanung nur begrenzt langfristig planbar, wenn der Partner noch nicht gefunden ist. Schließlich ist das Sich-Verlieben oft von Zufällen begleitet. Und trotzdem: Langfristig darfst du dich aus dem Fenster lehnen und dir solche Ziele setzen.

Hinweis!

Bereits mittelfristige Ziele verschaffen dir viele Spielräume. Du würdest dich wundern, was Menschen innerhalb von fünf Jahren bewerkstelligen können! Jetzt hast du die Gelegenheit, deinen eigenen Traum zu erfüllen. Und was ist erst bei einem Zeitraum von über fünf Jahren? Da kann sich nochmals mehr ändern!

Nun haben diese langfristigeren Perspektiven von mehreren Jahren das Risiko der Unvorhersehbarkeit. Zwar kann auch bei kurzfristigen Zielen etwas dazwischenkommen, aber dann werden sie innerhalb weniger Tage oder Wochen nachgeholt. Das ist in der Regel einfach mach- und planbar. Je länger der Zeithorizont bei der Planung, umso mehr Unvorhergesehenes kann passieren, was die mittel- und langfristigen Ziele schwer planbar macht. Du solltest bei mittel- und langfristigen Zielen deswegen allgemein planen und mehr Zeit- und Finanzpolster zur Umsetzung haben, um bei unvorhergesehenen Ereignissen nicht die komplette Zielplanung umkrempeln zu müssen.

Praktischer Nutzen der Einteilung von Zielen nach deren Zeitbezug

Wie funktioniert das alles in der Praxis? Was bringt dir die Einteilung von Zielen nach dem Zeitbezug?

Ganz einfach: Zuerst schreibst du all deine Verpflichtungen auf, die wir bisher angesprochen haben. Du schreibst auf, wie viele Stunden täglich du für Schlafen, Essen, Hygiene, Vollzeit-Job etc. und wie viel Geld du für Essen, Miete, Altersvorsorge und wichtige Versicherungen aufbringen musst. Daraus wird ersichtlich, was du kurzfristig alles in dein Leben investieren musst und wie viel Geld und Zeit übrigbleiben.

Als nächstes kannst du den mittel- und langfristigen Blick unternehmen: Wie viel meiner Zeit und meines Geldes kann ich **jetzt** entbehren, um **mittel- und langfristig meine Wunsch-Zukunft zu gestalten**? Passend dazu setzt du dir deine mittel- und langfristigen Ziele: Du investierst z. B. drei Stunden wöchentlich in Fortbildungen oder beginnst, eine Immobilie zu finanzieren, um langfristig keine Miete mehr zahlen zu müssen.

Dein Vorteil im Vergleich zu den Menschen, die keine Ahnung über den Zeitbezug von Zielen haben: Du hast deine Wunsch-Zukunft zeitlich terminiert und führst bereits heute Aktivitäten durch, von denen du weißt, dass sie dir langfristig zu deiner erträumten Zukunft verhelfen werden! Das alles planst du dabei mit konkreten Zahlen für den Zeitaufwand und den finanziellen Aufwand, sodass du dich bei deinen Zielen nicht überforderst und die Erfolgswahrscheinlichkeit steigt. All das wirst du am Ende dieses Kapitels noch bei der großen Abschlussaufgabe lernen. Fürs Erste weißt du nun, worum es beim Zeitbezug von Zielen geht und wieso dieser wichtig für dich ist. Personen, die diese Kenntnisse nicht haben – und das trifft leider auf einen erheblichen Anteil an Menschen dort draußen zu –, planen ohne einen Überblick über kurz-, mittel- und langfristige Ziele. Sie wissen dadurch nur im Unterbewusstsein, wieso sie etwas machen. Dadurch sind sie seltener motiviert. Auch ist eine Gefahr, dass sich die betroffenen Personen zu viele Ziele setzen, weil sie keinen Gesamtüberblick haben. Sie setzen sich unter Umständen so viele Ziele, dass sie diese unter keinen Umständen allesamt erreichen können.

Visionen! Das Positive an all den Anstrengungen sehen

So weit, so gut: Langfristig lässt sich also unglaublich viel in deinem Leben verändern. Wenn du dir langfristige Ziele setzt, die mit deinen Träumen übereinstimmen, bist du auf dem besten Weg, dein Traumleben zu leben. Vor allem bist du dann imstande, positive Visionen von deiner Zukunft zu entwickeln. Du siehst dich nicht mehr täglich an derselben Stelle im Büro, bis kurz vor der Rente. Stattdessen siehst du dich beruflich um die Welt reisend oder in einem praxisorientierten Beruf – so, wie du es dir wünschst. Auch für deine Familie kannst du positive Visionen entwickeln: Deine langfristigen Ziele können familienorientiert sein, sodass es dir und deinen Liebsten gelingt, öfter in den Urlaub zu fahren, weil sich die finanzielle Lage verbessert hat. Auch ist es möglich, dass deine Kinder durch bessere Lebensumstände von einzigartigen Möglichkeiten, wie z. B. einem Auslandsstudium, profitieren.

Was auch immer du dir als langfristiges Ziel setzt: Jedes langfristige und konkret benannte Ziel, das du durch deine heutigen Handlungen in Angriff nimmst, verhilft dir dazu, positive Visionen zu entwickeln. Diese positiven Visionen verschaffen dir eine enorme Motivation und Durchschlagskraft. Dein Leben bekommt einen Sinn!

> **Beispiel**
>
> Es gibt eine Rede von Arnold Schwarzenegger (erfolgreicher Bodybuilder, Hollywood-Schauspieler, Unternehmer, Politiker), die knapp über 10 Millionen Aufrufe im Internet erzielte; eine ungewöhnliche Menge an Aufrufen. Die Rede war eine der Reden in der Geschichte des Internets, die am stärksten viral gingen. Arnold Schwarzenegger redet über Erfolg und von seinen Anfängen in den USA: Fünf Stunden Training, Arbeit, Universität, 4 Stunden Schauspielschule. Hier ein interessantes Zitat aus dieser Rede:
>
> *Leute fragten mich immer, als sie mich beim Training sahen [...]: „Warum trainierst du so hart – fünf Stunden pro Tag, sechs Stunden pro Tag – und hast trotzdem ein Lächeln im Gesicht? Die anderen trainieren genauso hart wie du, aber sehen unzufrieden aus. Wieso ist der Unterschied so groß?" Ich sagte den Leuten immer, dass es für mich etwas anderes ist: Ich greife nach einem Ziel. Vor mir wartet der Titel als Mr. Universe (größte Auszeichnung im Bodybuilding; Anm.) auf mich. Jede Wiederholung, die ich mache, bringt mich dem Erreichen dieses Ziels näher; dem näher, dieses Ziel, diese Vision, Realität werden zu lassen. [...] Deswegen konnte ich es nicht erwarten, wieder 500 Pfund Kniebeugen zu machen, 500 Pfund Bankdrücken zu machen, nochmal 2.000 Sit-ups zu machen, nochmal einen Satz zu machen. Also lasst mich euch eines sagen: Euer Ziel zu visualisieren und danach zu streben, macht Spaß und Freude. Ihr braucht ein Ziel im Leben; egal, was ihr in eurem Leben tut.*

Das ist es: Visualisiere! Stelle dir deinen Erfolg bildlich vor und alles, was du jetzt machst und was für sich genommen bedeutungslos oder mickrig erscheint, wird eine unfassbar große und positive Bedeutung erlangen! So siehst du das

Positive in deinen jetzigen Anstrengungen. Wer das Positive in seinen Anstrengungen sieht, wird sich eher aufraffen, seine Pflichten konsequent und schnell wahrzunehmen, um parallel mehr und besser an seinen Wunschzielen und seiner Traumzukunft zu arbeiten.

Wenn du einen Lebensplan mit Zielen erstellst, dann setzt du ihn also aus kleinen und kurzfristigen sowie größeren mittel- bzw. langfristigen Zielen zusammen. Die mittel- und langfristigen Ziele können sich immer ändern und werden angepasst. Nur, weil du aktuell einem Job nachgehst, den du vielleicht nicht magst, bedeutet es nicht, dass dies dauerhaft der Fall sein wird. Deswegen feilst du mittel- und langfristig in jeder Minute, die du entbehren kannst, an deiner Traumzukunft!

Es kommt insgesamt zu folgender Motivation: Die acht Stunden, die du heute auf der Arbeit verbringst, sind der Schlüssel, um dir neue Perspektiven zu finanzieren oder um dir wichtige Fähigkeiten dafür anzueignen. Ein Beispiel: Eine Person nutzt nach ihrer Ausbildung drei Jahre lang eine Festanstellung, obwohl sie den Arbeitgeber hasst. Sie weiß aber, dass sie hier vieles lernt und – damit sind wir beim großen Traum dieser Person angekommen – sich danach mit hoher Erfolgswahrscheinlichkeit selbstständig machen kann.

Verinnerliche eines: Sogar bei einer großen Abneigung gegenüber deinen aktuellen Verpflichtungen solltest du optimistisch sein und deine mittel- bis langfristigen Möglichkeiten fokussieren. Denn diese Möglichkeiten sind dein Weg dazu, dass du deine Träume verwirklichen und ein bestmögliches Leben bestreiten kannst. Dafür aber ist es nötig, dass du deine aktuellen Pflichten (Arbeit, Miete bezahlen etc.) erledigst. Parallel mobilisierst du die freie Zeit, um deine Wunsch-Zukunft zu gestalten.

> **Aufgabe 2**
>
> Langfristige Ziele lassen sich durch Übungen zur Visualisierung fördern. Von Visualisierungen hast du womöglich in meinen anderen Büchern gelesen. Sie sind eine bekannte Methode in Mental- und Motivationstrainings.
>
> Bei Visualisierungen bringst du deine Ziele schriftlich oder in Form einer Grafik aufs Papier. Dabei verwendest du am besten Zwischenschritte: Beispielsweise schreibst du den Notendurchschnitt, den du bei deiner Ausbildung anstrebst, auf ein Blatt Papier und hängst es zuhause an eine Wand. So hast du den Erfolg immer im Blick. Das schaltet zusätzliche Motivation in dir frei. Alternativ kannst du deine Vorstellungskraft nutzen, indem du dir den angestrebten Zustand vorstellst: Wenn du die Augen schließt und dir mehrmals täglich bildlich vorstellst, wie du das jeweilige Ziel erreichst und am Ende eines mehrjährigen Weges großen Erfolg verspürst, kreierst du eine positive Vision, die dich die einzelnen Etappen bis zum Erreichen des Ziels leichter meistern lässt. Überlege dir und/oder recherchiere im Internet drei Visualisierungsmaßnahmen, die dir zusagen und dich beim Erreichen deiner Ziele unterstützen. Mit diesen Methoden wirst du später arbeiten.

Achtung, die Zeit ist eng bemessen! Nutze sie!

Du kennst wahrscheinlich die vielen Zitate, die sich mit der Bedeutung der Zeit im Leben eines Menschen befassen. In diesen Zitaten geht es darum, dass man wenig Zeit hat und diese ausnutzen sollte. Irgendwann sei es dafür nämlich zu spät. Manche Menschen halten diese Zitate nur für Binsenweisheiten, sodass ihre Wirkung verpufft. Aber es verbirgt sich viel Wahrheit hinter den Zitaten. Hier nun zehn Sätze, die sehr hilfreich sein können:

Die zehn Gebote der Zeit

I. Es ist nicht zu wenig Zeit, die wir haben, sondern es ist zu viel Zeit, die wir nicht nutzen. (Lucius Annaeus Seneca)
II. Wenn die Zeit kommt, in der man könnte, ist die vorüber, in der man kann. (Marie von Ebner-Eschenbach)
III. Zeit, die wir uns nehmen, ist Zeit, die uns etwas gibt. (Ernst Fernstl)
IV. Die Zeit vergeht nicht schneller als früher, aber wir laufen eiliger an ihr vorbei. (George Orwell)
V. Es gibt Diebe, die nicht bestraft werden und einem doch das kostbarste stehlen: die Zeit. (Napoleon)
VI. Die Leute, die niemals Zeit haben, tun am wenigsten. (George Christoph Lichtenberg)
VII. Die Zeit verweilt lange genug für denjenigen, der sie nutzen will. (Leonardo da Vinci)
VIII. Wir leben in einer Zeit vollkommener Mittel und verworrener Ziele. (Albert Einstein)
IX. Ihre Zeit ist begrenzt, also verschwenden Sie sie nicht damit, das Leben eines anderen zu leben. Lassen Sie sich nicht von Dogmen in die Falle locken. Lassen Sie nicht zu, dass die Meinungen anderer Ihre innere Stimme ersticken. Am wichtigsten ist es, dass Sie den Mut haben, Ihrem Herzen und Ihrer Intuition zu folgen. Alles andere ist nebensächlich. (Steve Jobs)
X. Gewöhnliche Menschen überlegen nur, wie sie ihre Zeit verbringen. Ein intelligenter Mensch versucht, sie auszunutzen. (Arthur Schopenhauer)

Jedes dieser Zitate bringt zum Ausdruck, dass die Zeit, die wir haben, wertvoll ist, hebt dabei aber andere Aspekte hervor. Orwell und Einstein betonen klassische Probleme der heutigen Zeit, die darin bestünden, dass wir Menschen zu schnell und zu verworren handeln würden, obwohl eigentlich die vorhandenen Mittel vollkommen sind und genug Zeit vorhanden wäre. Von Ebner-Eschenbach und Steve Jobs läuten die Alarmglocken und warnen, die Zeit zu nutzen, solange es noch möglich ist. Steve Jobs formuliert dabei ausführlich, dass es hierzu notwendig sei, den eigenen Zielen zu folgen. Dabei solle man sich nicht von Dogmen in die Falle locken lassen. Diese Dogmen sind mitunter jene Diebe der Zeit, die Napoleon in seinem Zitat anspricht: Dogmen und Menschen seien Diebe, die den Menschen die so kostbare Zeit rauben und ungestraft bleiben. Seneca und da Vinci geben zu bedenken, dass stets genug Zeit vorhanden sei, solange man sie wirklich nutzen will. Schopenhauer stellt Unterschiede unter den Menschen fest. Dabei sei es ein Zeichen von Intelligenz, die Zeit auszunutzen und nicht „nur" zu verbringen – sinnstiftend, zielführend und für einen konkreten Zweck zu einem konkreten Nutzen zu handeln.

Einige dieser Zitate sind so einfach gehalten, dass sie zahlreiche Faktoren außer Acht lassen. Aber gerade das kann dir dabei helfen, querzudenken: Mir beispielsweise missfällt das Zitat VI, bei dem es heißt, dass Leute, die niemals Zeit hätten, am wenigsten täten. Das ist in dieser Form ziemlich einfach, verallgemeinernd und gegenüber den vielen Ausnahmen unfair. Aber wenn ich etwas länger darüber nachdenke, entwickle ich eine bestimmte Interpretation des Zitats, mit der ich etwas anfangen kann: Das Zitat kritisiert, dass man sich bei bestimmten Sachen herausredet; unter dem Vorwand, keine Zeit zu haben. In Wirklichkeit aber hat man Zeit. Tatsächlich finde ich auch heute noch Situationen, in denen ich dieses Verhalten zeige, obwohl es mir besser täte, mich nicht herauszureden und eine Stunde mehr zu arbeiten, zu lesen, Sport zu machen oder etwas Ähnliches.

Klare Ziele

> **Aufgabe 3**
>
> Du hast zehn Zitate. Sicher stimmst du nicht allen zu oder du findest einige unfair. Aber in jedem Zitat ist wenigstens ein kleines Fünkchen Wahrheit. Schreibe die Zitate auf die linke Seite eines Zettels und lasse auf der rechten Seite des Zettels Platz für Kommentare zu den Zitaten. Nachdem du die Zitate aufgeschrieben hast, machst du dir zu jedem Zitat Gedanken. Dabei lautet die Frage, die du für jedes Zitate einzeln zu beantworten hast: „Wie kann mir dieses Zitat helfen, meinen bisherigen Umgang mit der Zeit zu verbessern und dadurch meine Ziele zu fördern?" Ziel ist dabei, dass du dich offen mit den Verbesserungsmöglichkeiten bei dir beschäftigst. Diese Zitate helfen dir dabei, verschiedenste Blickwinkel einzunehmen.

Ziel dieser Aufgabe und der bisherigen Erläuterungen ist, dir zu verdeutlichen, wie eng bemessen die Zeit im Leben eines Menschen ist. Wieso dieses Thema in dieses Kapitel gehört? Ganz einfach: In deinem Leben geht unglaublich viel Zeit für deine Verpflichtungen drauf! Arbeiten, Essen zubereiten und konsumieren, Gesundheit, Ordnung im Haushalt halten ... Tatsächlich sind diese Dinge ein Muss. Mich hat es regelrecht schockiert, als ich über die Dauer einer Woche beobachtet und festgehalten habe, wie viel Zeit sogar die gewöhnlichsten Pflichten in Anspruch nehmen: Kochen, Staubsaugen, Wäsche waschen, Bügeln etc. Diese Dinge wegzulassen, ist aber keine Alternative. Denn ein Leben in Unordnung, mit mangelnder Gesundheit und mangelndem Genuss aufgrund von viel Fertigessen sowie weitere Vernachlässigungen reduzieren die Perspektiven für die Zukunft.

> ### *Meine Erfahrungen*
>
> Was dich an dieser Stelle reizen sollte, ist die Tatsache, dass du dir mit konsequenter Arbeit an deinen Zielen sogar die Perspektive sicherst, „Zeit erkaufen" zu können. So habe ich es gemacht, als ich ein höheres Einkommen verzeichnete und mich nicht mehr komplett um den Haushalt kümmern wollte. Bügeln, Wäsche waschen, Bürokram und Kochen habe ich nach wie vor selbst gemacht. Für das Staubsaugen und Wischen habe ich hingegen eine Hilfe eingestellt. Im Garten ließ ich mir die lästigsten Arbeiten von einem Nachbarsjungen abnehmen. Der verdiente sich jede Stunde 10 Euro Taschengeld dazu und ich musste nicht mehr Unkraut jäten oder Rasen mähen, sondern konnte endlich an der Terrasse arbeiten. Durch das Delegieren dieser Arbeiten erkaufte ich mir wöchentlich rund fünf zusätzliche Stunden an Zeit. Da mein Einkommen deutlich gestiegen war, konnte ich es mir locker erlauben.

Du wirst, sofern es dein Wunsch ist und du deine Ziele dahingehend ausrichtest, bestimmte Arbeiten abtreten können und dadurch an Zeit gewinnen. Allerdings ist dafür eine akkurate Planung notwendig. Diese beginnt bei deinen Verpflichtungen. Alles, was sein muss, wird idealerweise auch getan – damit hat sich's! Der Zeitaufwand ist dabei möglichst genau zu kalkulieren.

Anschließend bleibt Zeit übrig, mit der du auf das hinarbeiten kannst, was du wirklich möchtest. Mit der Planung dieser Zeit beschäftigst du dich im nächsten Kapitel bzw. Schritt dieses Ratgebers, indem du deine Wunsch-Ziele festlegst. Es wird deutlich, dass die Zeit, die die meisten Menschen zur Arbeit an ihren Träumen und Wünschen haben, tatsächlich eher eng bemessen ist – zumindest zu Anfang.

Ein Extrembeispiel: Person A schläft zehn Stunden und arbeitet acht Stunden. Inklusive einer Stunde Hin- und Rückweg zur bzw. von der Arbeit verbleiben nur noch fünf Stunden, um den Tag nach dem eigenen Willen zu gestalten. Über den Tag verteilt geht eine Stunde fürs Essen drauf, eine halbe Stunde für den Haushalt. So verbleiben nur noch 3,5 Stunden.

➔ *Willst du wirklich Person A sein?*

Ein positives Gegenbeispiel: Person B schläft sechs Stunden. Sie hat ansonsten aber denselben Tagesablauf. Tatsache ist, dass sie durch vier Stunden weniger Schlaf 4 Stunden mehr Zeit für die Arbeit an ihren Träumen und Wünschen hat. Sie arbeitet an einer Verbesserung ihrer beruflichen Situation, wodurch sie in zwei Jahren mehr verdient und weniger arbeiten muss. Sie verkürzt die tägliche Arbeitszeit auf sechs Stunden und gönnt sich als Belohnung für die intensive Phase eine Stunde täglichen Schlaf mehr. Insgesamt hat sie nun 6,5 Stunden mehr vom Leben als Person A.

➔ *Wenn du Person B sein willst, dann hast du bisher das Wesentliche in diesem Buch verstanden und wirst um jede freie Stunde in deinem Alltag bzw. deiner Zielplanung kämpfen.*

Abschlussaufgabe

Lege mit deiner eigenen Zielplanung los! Gemäß den Erkenntnissen aus diesem Kapitel schreibst du zuerst deine Verpflichtungen in einer Liste auf. Mache eine Bestandsaufnahme, wie du am liebsten mit deinen Verpflichtungen haushalten würdest, um die dir gegebene Zeit sowie die finanziellen Mittel möglichst effizient zu nutzen. In den weiteren Schritten bzw. Kapiteln wird diese Zielplanung selbstverständlich um deine Wunsch-

> Ziele ergänzt. Wie dir die Anleitung zur Durchführung der Aufgabe zeigt, kannst du dir gern schon jetzt ein paar Gedanken über langfristige Ziele machen. Im Vordergrund steht hier fürs Erste aber die Planung deiner Verpflichtungen. Lege vor allem also die folgenden Dinge zeitlich und vom finanziellen Aufwand her präzise fest:
>
> - Arbeit
> - Haushaltspflichten
> - evtl. familiäre Pflichten
> - Kochen bzw. Essen
> - Hygiene
> - Schlafen
> - Entspannung und Entschleunigung (z. B. Faulenzen, Lesen, Massagen, Hobbys)
> - (weitere) Lebenshaltungskosten; getrennt nach individuellen Posten wie Miete, Versicherungen etc.
>
> Welche dieser Dinge müssen bei dir in die Planung einbezogen werden und wie viel Zeit- und Kostenaufwand verursachen sie? Was planst du, auf Basis der Ratschläge in diesem Ratgeber zu ändern (z. B. Kürzung der Schlafzeit, mehr frisches Kochen)? Die Festlegung und Planung dieser Verpflichtungen in deinem Alltag schafft den Rahmen dafür, dass du in dem nächsten Kapitel an deinen Wunsch-Zielen arbeiten und z. B. langfristige Änderungen einleiten kannst.

Anleitung zur Durchführung der Aufgabe

Hanna arbeitet an sechs Tagen in der Woche je acht Stunden. Abgesehen davon schläft sie im Schnitt neun Stunden pro Tag. Sie braucht für den Haushalt ungefähr 10 Stunden in der Woche. Das Kochen für sich und ihre Familie nimmt täglich zwei Stunden in Anspruch. Nebenbei bringt Hanna vor der Arbeit die Kinder zur Schule, was eine halbe Stunde täglich (von Montag bis Freitag) in Anspruch nimmt. Die wöchentliche Hygiene kostet ungefähr 6 Stunden Zeit. Sie verdient 1.700 € netto im Monat. Nach Ausgaben für die Miete inkl. Nebenkosten, Lebensmittel und ein paar Dinge für die Kinder verbleiben 300 € im Monat zum Sparen. Der Ehepartner Jonas kann 200 € monatlich beisteuern, den Rest des Geldes gibt er für seine Hobbys und seinen Anteil an Lebensmitteln und Miete aus. Meistens geben Hanna und Jonas das restliche Geld für mehrere Urlaube, Ausflüge oder Kleidung aus, weil keine anderweitige Planung dafür gegeben ist. Manchmal ist Hanna in ihrem Leben unzufrieden, weil sie kein Hobby hat, dem sie nachgeht. Bisher mangelte es an Zeit – so zumindest der Gedanke. Nun möchte sie umplanen, um nicht mehr alles für den Konsum auszugeben, sondern vielleicht eine Immobilie zu finanzieren. Sie möchte Jonas stärker in den Haushalt einbinden und dadurch Zeit gewinnen. Außerdem ist eine etwas kürzere Schlafdauer das Ziel. Und vielleicht ist ja noch eine Altersvorsorge drin. Denn so schlecht sehen die Finanzen nicht aus.

*Die **neue Planung** im Sinne der Aufgabe verläuft wie folgt:*

Aktivität	Zeitaufwand pro Woche (in Stunden)	Finanzieller Ertrag pro Monat	Finanzieller Aufwand pro Monat
Arbeit	48	1.700 € netto	-
Kindergeld (2 Kinder)		400 € netto	
vom Ehepartner beigesteuert	-	200 €	-
Haushaltspflichten	7		
Kochen	14		
Kinder zur Schule bringen	2,5		
Hygiene	6		

Schlafen	49		
Immobilienfinanzierung (inkl. Nebenkosten) anstelle von Miete	-	-	1.000 €
Lebensmittel und andere private Ausgaben	-	-	900 €
Altersvorsorge	-	-	100 €
Gesamt	**126,5**	**2.300 € netto**	**2.000 €**

Aus der aktuellen Planung folgt, dass von 168 Stunden in der Woche nach Abzug der verplanten 126,5 Stunden noch 41,5 Stunden frei sind. Dies entspricht fast 6 Stunden pro Tag! Auf Basis ihrer finanziellen und zeitlichen Möglichkeiten setzt sich Hanna das Ziel, ihre übrigen 300 € im Monat zu sparen, um bald eine eigene Immobilie finanzieren zu können. Sie bespricht sich mit Jonas, der sich bereiterklärt, seine 200 € ebenfalls beizusteuern und sich von der Idee einer Immobilienfinanzierung begeistert zeigt. Da bei einer Immobilienfinanzierung und Bezug der Immobilie die Mietzahlungen entfallen würden, bliebe trotz der Investition der gesparten 500 € sogar noch Geld übrig, sodass es eine wirtschaftlich kluge Planung wäre. In zwei bis drei Jahrzehnten – so der langfristige realistische Plan – wäre die Immobilie abbezahlt und es gäbe keinerlei finanzielle Belastungen durch Miete oder Kreditraten mehr. Parallel soll eine ergänzende private Altersvorsorge für rund 100 € im Monat abgeschlossen werden. Zudem plant Hanna, den Ehepartner mehr als bisher in den Haushalt einzubinden. Dieser stimmt dem Vorhaben zu. Dadurch gewinnt Hanna Zeit für ein Hobby oder bestimmte Entspannungspraktiken. Mit der genaueren Planung der Hobbys und Wünsche geht es im nächsten Kapitel weiter.

2. Schritt | Was willst du?

Sobald deine Verpflichtungen erfasst sind, ist das Pflichtprogramm fürs Erste abgeschlossen. Behalte die Liste aus der Abschlussaufgabe im ersten Kapitel trotzdem bei dir, weil du mit der Liste noch arbeiten wirst. Das ist deine Liste 1 mit Verpflichtungen. Auf Basis deiner Verpflichtungen werden u. a. die weiteren Schritte festgelegt. Im Fokus steht in diesem Kapitel, dem zweiten Schritt, deine Wünsche, Träume und deinen Willen zu berücksichtigen.

Wenn im Leben nur das getan würde, was sein muss und nicht den eigenen Träumen entspricht, wäre das Leben für einige Personen unerträglich. Besonders erfolgreiche und weltbekannte Menschen betonen immer wieder, wie wichtig es ist, sich für gewisse Dinge zu begeistern und diesen zu folgen. Es könne im Leben nicht nur darum gehen, Probleme zu lösen – so Star-Unternehmer Elon Musk. Nichts anderes ist jedoch ein Leben, in dem man nur das tut, was notwendig ist: Schlafen, Arbeiten und Essen beispielsweise sind Aktivitäten, die der Problemlösung dienen. Menschen schlafen, weil sie ansonsten müde wären und nicht funktionieren würden. Arbeit dient dazu, das Problem zu lösen, dass man ohne Arbeit sein Leben nicht finanzieren könnte. Schließlich dienen Essen und Trinken der Lösung des Problems, dass Menschen sich ernähren müssen, um leistungsfähig zu sein und zu überleben.

Weg von den Problemen, rein in die erträumte Welt – das ist das Motto dieses zweiten Schritts! Lasse dich inspirieren, probiere Dinge aus und finde Leidenschaften. Setze schon lange Erträumtes in die Tat um. All das u. a. bedeutet, den eigenen Wünschen und Träumen zu folgen. Nun kommt eine pikante Info: Am besten kannst du Träume verwirklichen, wenn du auch hier eine konsequente Planung anwendest. Nicht umsonst gibt es im Fitnessstudio spezielle Trainingspläne, beim Tanzen besondere Tänze mit simplen Schritten für den Beginn, beim Kampfsport eine bestimmte Rangordnung mit Gürteln und Übungen bei der Prüfung, beim Sprachenlernen eine klare Reihenfolge der Lehrinhalte, beim Töpfern eine bestimmte Abfolge an Skills, die nacheinander erlernt werden.

Fange an, auch deine Wunsch-Ziele so akkurat zu planen, wie man es in Lehrbüchern oder Kursen bei bestimmten Aktivitäten lernt. So setzt du dein Wunsch-Programm konsequenter um und erwirbst Fähigkeiten schneller. Hin und wieder verlieren Menschen schnell das Interesse, wenn sie Neues ausprobieren. Mögliche Gründe sind, dass die Dinge ihnen nicht liegen oder mehrere Hindernisse bei der Ausübung auftreten. Dem kannst du entgegenwirken, indem du optimal planst. Wie dies gelingt, verrät dir dieses Kapitel. So fällt dir Wahrscheinlichkeit hoch aus, dass deine Anläufe zu neuen Hobbys und Interessen direkt erfolgreich werden. Lasse dich begeistern!

Welche Bedürfnisse die Ziele befriedigen sollten

Es bestehen gewisse Bedürfnisse beim Menschen, die vollkommen natürlich sind und einer Befriedigung bedürfen. Demzufolge bietet es sich an, genau diese Wünsche auch in die Planung zu integrieren. Bitte verstehe dieses Unterkapitel nicht falsch, während es dir einzelne Bedürfnisse genauer vorstellt: Ziel ist nicht, dir einzelne Bedürfnisse und Ziele vorzuschreiben. Selbstverständlich entscheidest du allein, was du auf deine Wunschliste mit Zielen setzt. Die folgenden

Ausführungen dienen einzig und allein dazu, dich umfassend aufzuklären. Dadurch wird dem Problem vorgebeugt, dass du bestimmte Bedürfnisse außer Acht lässt, als Folge dessen trotz einer guten Zielsetzung unzufrieden bist und letztlich deine Ziele verfehlst.

Es gab eine Phase in meinem Leben, da war ich bereits auf einem guten Weg. Der berufliche Erfolg war da. Ich hatte meine Dozententätigkeit aufgegeben und war im Online-Marketing tätig. Außerdem hatte ich reichlich Zeit für meine Hobbys. Parallel begann ich ein Studium, das ich sogar erfolgreich durchzog. Ich hatte meine alte Disziplin zurückgewonnen und sogar noch gesteigert. Konsequente Zielsetzungen waren selbstverständlich, das Erreichen der Ziele funktionierte wie geschmiert. Ich übersah bei alledem aber eine wichtige Komponente: die Mitmenschen. Mit zunehmendem Erfolg wurde ich so ehrgeizig, dass ich immer mehr meines Lebens plante und der Spontaneität jeglichen Raum entzog. So kam es nicht mal zufällig zu sozialen Kontakten. Ich hatte also weder fest Zeit für Soziales eingeplant, noch hatte ich spontane dafür verfügbare Zeiträume. Mit der Zeit wurde ich müder in der Umsetzung meiner Ziele, eine Unzufriedenheit kam in mir hoch. Wenn ich es mir recht überlege, war es kein Wunder, denn ich hatte mich über ein halbes Jahr lang sozial immer mehr und mehr distanziert … bis ich fast nur noch für mich allein lebte. Alles, was funktionierte, brach weg. Als ich mir ein paar Stunden Freiraum täglich genehmigte, aber sich das Problem nicht löste, verzweifelte ich langsam. Woran konnte es liegen, dass ich mich so demotiviert und kraftlos fühlte? Den Grund erfuhr ich, als ich überraschend Besuch von zwei alten Freunden bekam. Während ihrer regelmäßigen Besuche über die Dauer von zwei Wochen (sie machten in meiner Nähe zwei Wochen Urlaub und drängten sich häufig auf, weswegen wir uns des Öfteren trafen) erlangte ich wieder mehr Lebenslust und Motivation. Ich hatte die ganze Zeit ein zentrales Bedürfnis in meinen Planungen übersehen: Der Mensch ist ein soziales Wesen.

Weil der Mensch ein soziales Wesen ist, ist die größte Empfehlung an dieser Stelle, dass du in deiner Liste mit den Wunsch-Zielen vor allem dem Sozialen genug Raum gibst. Wie stark du die sozialen Bedürfnisse in deinem Alltag planst, sollte sich danach richten, wie viel Kontakt zu Menschen du in deinem Alltag schon automatisch durch deine Verpflichtungen (z. B. bei Arbeit und Familie) hast. Falls du bei der Arbeit häufig mit Menschen in Berührung kommst und deine Kollegen bei der Arbeit dir zusagen, kannst du dir in deiner Freizeit mehr Raum für dich nehmen. Nichtsdestotrotz haben Familie und Freunde nach wie vor einen hohen Stellenwert und sollten durch den vielen Kontakt mit Mitmenschen bei der Arbeit nicht vernachlässigt werden.

Soziale Ziele und deren Bedeutung

Geht es nach Bedürfnis-Forschern, dann müssen soziale Ziele eine zentrale Rolle spielen. Gleiches wissen auch die Unternehmen, womit wir wieder beim unternehmerischen Aspekt der Zielplanung wären. Unternehmen legen ihre Ziele nicht nur in Bezug auf Bestellungen, Produktion, Verkaufszahlen und Expansion fest. In den vergangenen Jahrzehnten ist die Corporate Social Responsibility (CSR) zunehmend in den Vordergrund gerückt. Dabei wird die Verantwortung eines Unternehmens im sozialen Bereich zum Ausdruck gebracht: Unternehmen sind verpflichtet, ihren Mitarbeitern ein angenehmes Betriebsklima zu schaffen und dabei deren Bedürfnisse zu berücksichtigen. Und tatsächlich – sogar in den vermeintlich kapitalistischen und profitorientierten Unternehmen – gibt es heutzutage reichlich Züge der Menschlichkeit. Der Mensch wird anhand von Modellen als Pool von Fähigkeiten und Fertigkeiten gesehen. Dementsprechend solle ihm eine Weiterentwicklung und Selbstverwirklichung ermöglicht werden.

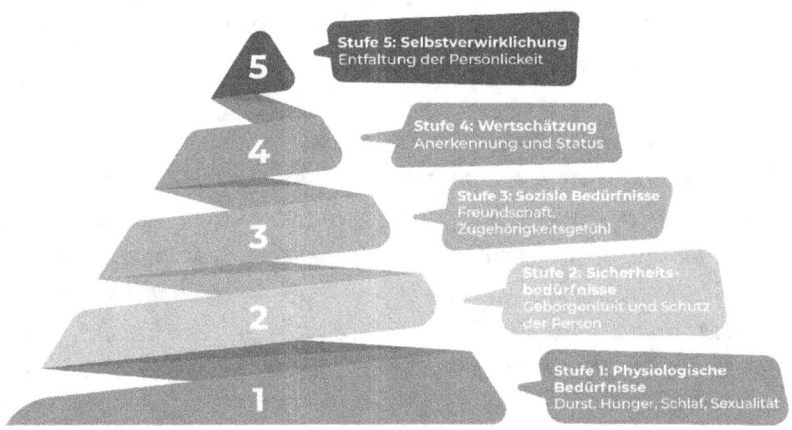

Abbildung 1: Bedürfnispyramide nach Maslow

Die Bedürfnispyramide von Maslow ist ein Paradebeispiel für die Stellung der sozialen Bedürfnisse im Leben eines Menschen. Sie findet in der BWL Anwendung, ist aber gleichsam für jeden privaten Menschen wichtig bei der Festlegung von Zielen und der Planung des eigenen Lebens. Die Pyramide hat fünf Stufen. Auf der dritten Stufe von unten kommen die sozialen Bedürfnisse. Damit ist gemeint, bestimmte Kontaktpersonen zu haben und sich mit ihnen zu unterhalten. Eine Stufe darüber auf Stufe 4 steht das Bedürfnis nach sozialer Achtung und Wertschätzung. Es wird also dazwischen differenziert, sich nur mit Menschen zu unterhalten und von diesen Menschen Achtung sowie Wertschätzung entgegengebracht bekommen.

Tatsächlich ist das Zweite besonders wichtig: Wer denn, wenn nicht die Menschen um dich herum, könnten dir das Gefühl von Achtung und Wertschätzung wirksam übermitteln? Natürlich du dir selbst auch. Aber wenn man bedenkt, dass sich in jedem Menschen hin und wieder Zweifel regen, ist es besonders gut, auf Personen im Umfeld vertrauen zu können, die einem die Zweifel ausreden. So erlangst du in schwierigen Phasen Zuversicht und bist stärker, als wenn du allein auf dich gestellt bist. Fein formuliert Wolfgang Schmidbauer (2012) diesen wichtigen Aspekt:

„Der Mensch ist zwar in seinem Körperbau ein Wirbeltier, dem Knochen und Bänder eine feste Struktur geben. Seelisch aber gleicht er den Insekten, deren Körper innen weich ist und von einer äußeren Schale gleichzeitig getragen und gegen die Umwelt geschützt wird. Wir sind psychisch darauf angewiesen, von außen gefestigt zu werden. Ohne symbolische oder im zwischenmenschlichen Kontakt wurzelnde Bestätigung verlieren wir unseren inneren Halt."

Diese Ausführungen geben Hinweise, in welche Richtung die sozialen Ziele gehen sollten: Im Idealfall baust du dir ein Umfeld auf, in dem du dich mit deinen Mitmenschen gegenseitig stark machst. Dieses gegenseitige Starkmachen muss keinesfalls darauf basieren, sich nur zu loben. Es steht neben den lobenden Worten im Fokus, auch mal berechtigte Kritik zu erheben und sie konstruktiv vorzutragen. Die Kritik sollte im Verhältnis zu den realen Möglichkeiten stehen.

Neue Kontakte knüpfen und richtig mit Menschen umgehen

Möglicherweise bist du schüchtern und hast einen kleinen Freundeskreis. Oder aber du bist so nach außen gekehrt, dass du dir einen großen Freundeskreis zusammengestellt hast. Wichtig ist in erster Linie nicht die Größe des Freundeskreises, sondern dessen Qualität. Mit Qualität ist das Gefühl gemeint, das du bei Treffen mit deinen Freunden und sonstigen Mitmenschen hast: Fühlst du dich im Umfeld dieser Menschen – ganz nach deinen eigenen Maßstäben gemessen – gut? Falls ja, dann hast du ein gutes Umfeld. Falls nein, so besteht Luft nach oben: Beispielsweise könntest du dir das Ziel setzen, an der Verbesserung deines Freundes- bzw. Bekanntenkreises zu arbeiten. Dir stehen die Möglichkeiten offen, bestehende Beziehungen zu vertiefen und neue Freunde zu suchen.

Bemühe dich bei allem Positivem, das du empfängst, ein Gefühl der Gegenseitigkeit zu erzeugen: Macht dir eine Person häufig Komplimente, dann suche nach den Qualitäten der Person und spreche ihr ebenfalls berechtigte Komplimente aus. Steht dir ein Familienmitglied immer bei, so stehe auch du diesem Mitglied mit allem, was dir möglich ist, bei. In einem gesunden Umfeld ist es wichtig, nicht nur zu nehmen, sondern auch zu geben. So halten deine positiven Beziehungen voraussichtlich länger.

Was gänzlich unerwünscht ist, sind häufige Meckereien, Vergleiche mit anderen, Konkurrenzdenken unter Freunden oder Familienmitgliedern, häufige Lügen und häufig „keine Zeit". Natürlich gibt es bei all diesen Dingen Ausnahmen: Hin und wieder ist eine Konkurrenz unter Freunden vorteilhaft; etwa dann, wenn sie beide Personen pusht und fair ausgetragen wird. Aus großen Rivalen wurden schon hin und wieder große Freunde. Auch, dass man für Freunde zwischenzeitlich „keine Zeit" hat, kann normal sein. Aber abgesehen von wenigen Ausnahmen sind die am Anfang dieses Absatzes aufgezählten Gedanken und Taten nicht hilfreich.

Ich bewegte mich einst in einem Freundeskreis, der kontraproduktiv war. Wenn ich nicht mit dem Finger auf gewisse Personen zeigen soll, lautet meine Begründung: Der Freundeskreis passte nicht zu meinem Charakter. Falls ich mit dem Finger auf gewisse Personen zeigen darf, heißt meine Begründung: Die Personen in meinem Freundeskreis waren charakterlich absolut verwerflich. Einer meiner besten Freunde lenkte das Gespräch immer in Richtungen, die seinem beruflichen Fachgebiet entsprachen. Wenn man dennoch darauf einging, drehte er einem das Wort im Mund um und stellte einen fachlich bloß. Ein anderer Freund entstammte einer

Klare Ziele

anderen Kultur. Dies ist an sich eine interessante Sache, aber ein Problem, sofern er seine Kultur über alles stellt. Dementsprechend präsentierte er sich in der Sicht auf verschiedene Themen auf bestimmte Sichtweisen eingeschränkt und unangepasst, was dahingehend ein Problem war, dass er abfällig über das weibliche Geschlecht sprach und meine Sichtweise kleinredete. In der Familie wiederum hatte ich einen radikalen Pessimisten, zu dem ich viel Kontakt hatte: meinen Vater. Solange ich an diesem Familien- und Freundeskreis nichts änderte, hatte ich immer Probleme: Ich fühlte mich nicht wertgeschätzt. Ich erfuhr keine Unterstützung bei meinen Zielen. Als ich diese Dinge ansprach und Lösungen finden wollte, zeigte keiner dieser Menschen Einsicht. Ich wurde dadurch immer unzufriedener. Letztlich half mir die Reduzierung des Kontakts zu diesen Personen und sogar der komplette Abbruch des Kontakts. Ich ließ mir mehr Zeit beim Knüpfen neuer Kontakte und achtete darauf, dass es charakterliche Übereinstimmungen gab oder zumindest die Offenheit, sich über andere Sichtweisen zu unterhalten.

Aufgabe 1

Es ist normal, dass man mit bestimmten Personen nicht klarkommt. Dies kann verschiedene Gründe haben. Schreibe alle Personen aus deinem Bekannten-, Freundes- und Familienkreis untereinander auf ein Blatt Papier in die linke Spalte. Denke bei jeder Person fünf Minuten lang darüber nach, welches Gefühl du nach dem Kontakt mit dieser Person hattest. Trage in die rechte Spalte, in der zum jeweiligen Namen aus der linken Spalte gehörenden Zeile, auf einer Skala von 1 bis 10 deine Gefühlslage nach einem Treffen mit der Person ein. „10" steht dafür, dass du dich nach Treffen mit der Person absolut top fühlst. Alle Personen, die weniger als eine „5" erhalten, hinterlassen bei dir aus irgendwelchen Gründen ein ungutes Gefühl. Überlege, woran dies liegen

> könnte und inwiefern es deine Ziele und dein psychisches Wohlbefinden gefährdet. Lege auf Basis dieser Beurteilung die richtigen Maßnahmen fest:
> - Mit welchen Personen begibst du dich in ein offenes und klärendes Gespräch, um Probleme im gegenseitigen zwischenmenschlichen Umgang zu beseitigen?
> - Was kannst du dazu beitragen, dass in den Gesprächen und Treffen mit den Personen ein besseres Gefühl bei dir und bei der jeweiligen Person entsteht?
> - Mit welchen Personen solltest du eventuell den Kontakt abbrechen? Lohnt es sich, neue Kontakte aufzunehmen?
> - Welche sozialen Ziele hast du und welche Personen tragen dazu bei, dass du sie erreichst?

Können soziale Bedürfnisse unwichtig sein?

Ich habe in der Box mit meinen Erfahrungen bereits einen Einblick darin gegeben, wie schwierig es ohne soziale Kontakte für mich war. Zwar kann ich mir schwer vorstellen, dass es für andere Menschen anders ist, aber meine eigenen Vorstellungen verleihen der Argumentation in diesem Buch natürlich nicht ausreichend Fundament. Daher gehen wir auf Basis weiterer Erfahrungen und wissenschaftlicher Untersuchungen der Frage nach: *Können soziale Bedürfnisse wirklich unwichtig sein?*

Für dich ist die Klärung dieser Frage vor allem dann wichtig, wenn du die bisherigen Ausführungen zur Wichtigkeit sozialer Ziele anzweifelst. Dementsprechend stellt sich dir vielleicht zudem die Frage: *„Wieso sollte ich mir jetzt mit Hilfe dieses Ratgebers irgendwelche sozialen Ziele setzen, wo mir mein Umfeld doch egal ist? Ich ziehe einfach mein Ding durch, oder etwa nicht?"*

Diese Denkweise haben einige Personen. Ich hatte sie auch. Mich führte diese Denkweise ins Unglück, wie bereits dargelegt. Geht es nach Erkenntnissen von Psychologen, Soziologen und anderen Wissenschaftlern, ergibt sich ein ähnliches Urteil: Soziale Bedürfnisse sind für den Menschen absolut wichtig. Mehr noch: Sie steigern die Aussichten auf ein gesundes Leben. Zu viel Einsamkeit mache den Menschen krank – so ein Artikel im TAGESSPIEGEL. Es lässt sich dabei in emotionale und soziale Einsamkeit unterscheiden. Die erstere tritt ein, wenn man keinen festen Partner und somit keine enge Bezugsperson hat. Die soziale Einsamkeit hingegen betrifft jene, die komplett allein sind und keine Kontakte haben. Beide Formen der Einsamkeit haben unterschiedliche Auswirkungen auf den Menschen, lassen sich aber aufgrund der individuellen Reaktion des Menschen nicht verallgemeinern. Fakt ist bei alledem – egal, ob emotionale oder soziale Einsamkeit –, dass neben psychischen Problemen auch körperliche Beschwerden mögliche Folgen von Einsamkeit sind. So berichtet der Artikel im TAGESSPIEGEL in Berufung auf Forschungsergebnisse der Universität von Chicago, dass, wenn der Mensch von anderen abgewiesen wird, im Gehirn dieselben Regionen reagieren wie bei körperlichem Schmerz.

Was allerdings bedeutet Einsamkeit? Ab welchem Ausmaß an Zurückweisung, Alleinsein und anderen Formen des fehlenden Kontakts zu Menschen kann wirklich von Einsamkeit die Rede sein?

Den Ansatz einer Antwort bietet die Bindungstheorie nach Kim Bartholomew. Demnach gebe es vier verschiedene Bindungstypen:

I. Sicherer Typ; entwickelt schnell erfüllende Beziehungen, aber sorgt sich gleichzeitig nicht darüber, allein sein zu müssen

II. Ängstlicher Typ; hat Angst vor den möglichen negativen Folgen des sozialen Kontakts und riskiert wenig, obwohl er dadurch meist einsam bleibt und genau das empfindet, was er fürchtet
III. Besitzergreifender Typ; enge Verbindungen zu Mitmenschen sind sein Ziel, weswegen er auf kleinere Abweisungen bereits sehr empfindlich reagiert
IV. Abweisender Typ; will weder selbst von anderen abhängig sein noch, dass andere von ihm abhängig sind, weswegen er wenige Beziehungen eingeht

Zugegebenermaßen ist diese Einteilung in Typen sehr simplifizierend. Allerdings kannst du ihr einige hilfreiche Informationen entnehmen. Zum einen verraten die Typen einige Vor- und Nachteile von Einsamkeit; beispielsweise kann die ausbleibende Abhängigkeit als ein Vorteil angesehen werden. Zum anderen zeigen die Typen eindrucksvoll, dass es nicht die eine Form von Einsamkeit gibt. In Anbetracht der Tatsache, dass sich noch viele weitere Bindungstypen finden ließen, muss Einsamkeit differenziert betrachtet werden.

Aufgabe 2

Diese Aufgabe dient der Klärung einer Frage: Fühlst du dich einsam? Wenn du dir deine sozialen Ziele setzt, solltest du diese Frage klären. Was bei der Beurteilung zählt, ist rein deine Gefühlslage. Denn was du empfindest, spiegelt deine soziale Zufriedenheit wider oder zeigt eine vorliegende Unzufriedenheit auf. Führe deswegen von heute an zwei Wochen lang Tagebuch und hinterfrage bei jedem Eintrag (mindestens zwei Einträge täglich) verschiedene Situationen des Alltags. Hast du dich einsam gefühlt? Falls ja: Wann war es und wieso hast du dich einsam gefühlt? Selbst bei kleinen Anzeichen von Einsamkeit solltest du dich darum bemühen,

> im Anschluss an diese Aufgabe nach Lösungen zu suchen. Setze dir ein zu deinem Problem passendes Ziel. Beispiele: Häufiger mit Freunden ausgehen, bei einem Club/Verein anmelden oder neue Freunde suchen.

Kleiner Hinweis mit Verweis auf die erste Aufgabe: Einsamkeit kann auch daher rühren, dass du keine Personen in deinem Umfeld hast, die bestimmte emotionale Zustände nachvollziehen können und dir falsche Hilfestellungen geben. Versuche daher bei dem Festsetzen deiner sozialen Ziele, deine Bedürfnisse genauestens zu analysieren.

Beispiel

Ein passendes Beispiel für diesen Sachverhalt sind Therapie-Gruppen: Selbst der beste Freundeskreis kann einer kokainsüchtigen Person, einem trockenen Alkoholiker oder einem Vergewaltigungsopfer nicht immer die passenden Ratschläge geben. Denn manche Probleme muss man selbst erlebt haben, um sich in eine betroffene Person hineinversetzen und gute Ratschläge geben zu können. Suche daher bei besonderen Anliegen nach besonderen Gesprächspartnern. Dieses Radikalbeispiel lässt sich auch auf kleinere Sachverhalte übertragen. Beispielsweise kann es Freundeskreise geben, die deine Begeisterung für ein kleines Hobby nicht teilen. Tipp: Versuche dann, dir bei deinem Hobby soziale Kontakte zu suchen. Es gibt sicher für jedes noch so kleine Hobby eine passende Facebook-Gruppe, in der du gleichgesinnte Personen findest und dich über deine Leidenschaft austauschen kannst.

Genau das bedeutet letzten Endes, seine sozialen Bedürfnisse in der Zielsetzung zu berücksichtigen und sich ein gutes Umfeld aufzubauen: **Passend zu den eigenen Interessen,**

Zielen und Aktivitäten – mögen diese noch so klein sein – eine angemessene Menge an verständnisvollen Gesprächspartnern finden! Auf diesem Wege lernst du sogar möglichst viel dazu und kannst deine Ziele besser erreichen. Schließlich sind Mitmenschen auch dazu da, dir zu helfen. Abschließend sei erwähnt, dass du natürlich – wenn es dir lieb ist – gewisse Aktivitäten ganz allein ausüben und die Begeisterung für dich behalten kannst. Wenn du eine Sache gern für dich machst, ist es dein persönlicher Wunsch. Soziale Kontakte müssen also nicht omnipräsent sein. Zeit für sich selbst sollte an jedem Tag vorhanden sein. Die Balance zwischen Kontakt und Ruhe macht es. Diese Balance findest du für dich selbst, indem du probierst und Zeit mit Mitmenschen verbringst. Komplett allein zu sein ist laut wissenschaftlichen Erkenntnissen auf langfristige Sicht jedoch nie gut.

Wunsch-Ziele finden

Jetzt kommt die Festlegung deiner Wunsch-Ziele. Zunächst ist die begriffliche Abgrenzung wichtig: In diesem Ratgeber ist unter den Wunsch-Zielen alles zu verstehen, was du machst, weil du es dir wünschst. Das können einzelne Aktivitäten (z. B. Hobbys, Freunde treffen) oder aber langfristige berufliche und private Ziele (z. B. neuer Job, Eigenheim statt Miete) sein. Es handelt sich um alles, was du außerhalb deiner Verpflichtungen machst. Die Verpflichtungen waren das Hauptthema im letzten Kapitel. Das Hauptthema dieses Kapitels sind die Wunsch-Ziele. Diese Ziele sind eng verbunden mit deinen sozialen Zielen, weil du in deinem Privatleben im Gegensatz zur Arbeit die Möglichkeit hast, dein soziales Umfeld frei zu gestalten. Versuche also, deine Wunsch-Ziele auf Basis der ersten beiden Aufgaben in diesem Kapitel oder passend zu den Erkenntnissen aus diesen beiden Aufgaben festzulegen. So gestaltest du zwei wichtige Komponenten deines Privatlebens – Soziales und Aktivitäten – im Einklang miteinander. Du bist imstande, eventuelle soziale Defizite aus deinen

Muss-Zielen (z. B. wenn du bei deiner Arbeit kaum unter Menschen bist) mit den Wunsch-Zielen auszugleichen.

Es steht dir eine Reihe an Wunsch-Zielen offen, die aus den verschiedensten Bereichen stammen:

- Sport (u. a. Mannschaftssport, Kampfsport, Leichtathletik, Turnen, Fitness, Joggen)
- Kunst (u. a. Töpfern, Bildhauen, Malen)
- Tanzen (u. a. Hiphop, Paartanz, Gruppenperformances, Ballett)
- Natur (u. a. Gärtnern, Engagement in einem Naturschutzverein, Wandern, Fahrradfahren)

Diese Bereiche, die noch ziemlich hobby-orientiert sind, werden um weitere ergänzt, die bestimmten Zwecken dienen können. Solltest du den Wunsch haben, auf lange Sicht einen anderen Job als bisher zu praktizieren, dann gibt es noch Wunsch-Ziele im Bereich der Bildung: Kurse, Studiengänge, Ausbildungen, Fortbildungen, spezielle Lehrgänge. Manchmal genügt schon das Erlernen einer neuen Sprache, um sich im aktuellen Job bessere Perspektiven und ein besseres Gehalt zu verschaffen.

> **Beispiel**
>
> Die Mutter eines guten Freundes ist seit über 30 Jahren als ambulante Pflegerin tätig. Sie fährt von Haus zu Haus und versorgt Patienten, die pflegebedürftig sind. Sie ist Angestellte für das Deutsche Rote Kreuz. Aufstiegsperspektiven sind durchaus vorhanden, das waren sie immer. Der Haken: Die Mutter des Freundes ist Einwanderin und obwohl sie die deutsche Sprache relativ zügig erlernte, macht sie hin und wieder Fehler in kleinen grammatikalischen Aspekten. Weil sie zusätzlich noch mit einem kleinen Akzent spricht, schämt sie sich.

> Tatsache ist, dass ihr dies kein bisschen im Weg stünde und ihr schon mehrmals Beförderungen vorgeschlagen wurden. Doch sie lehnte ab, denn es wäre ihr peinlich, in einer höheren Position Fehler beim Verfassen von Texten zu machen. Nun steht sie kurz vor der Rente. Sie hat ihren Job zu jedem Zeitpunkt geliebt, weil sie Menschen helfen konnte. Aber sie bedauert es, die gebotenen Chancen nicht genutzt zu haben, um ihre eigenen Vorstellungen und Visionen ins Unternehmen einfließen zu lassen und sich einen besseren Lebenswandel finanzieren zu können.

Im Falle der Mutter hätte es geholfen, über mehrere Monate einen Deutsch-Kurs zu besuchen. Vielleicht hätte es nicht mal ein Kurs sein müssen, sondern eine App auf dem Smartphone. Dort hätte sie ihre sprachlichen Fähigkeiten verbessert. Wenn man recht überlegt, wäre nicht einmal das notwendig gewesen. Sie hatte die Beförderungen ohnehin sicher, weil Angebote vorlagen. Scham und Angst standen ihr im Wege; in diesem Fall sogar irrationale Scham und Angst.

Falls du dir unsicher bist, was deine Wunsch-Ziele sind, dann fange am besten an, dich zu informieren. Je mehr Fachmagazine du liest, Dokumentationen anschaust, Hobbys oder Weiterbildungen testest (es gibt immer kostenlose Testphasen) und immer wieder nach Neuem Ausschau hältst, umso eher und schneller wirst du etwas Passendes für dich finden.

Was kann der Grund dafür sein, dass dir keine Wunsch-Ziele einfallen? Ein mögliches Szenario ist, dass du mit deinem Leben bereits zufrieden bist. Ein weiteres denkbares Szenario ist das Fehlen einer konkreten Vorstellung: Vielleicht fehlt dir eine positive Vision von deinem künftigen Leben, weil du schon zu lange in deinem persönlichen Hamsterrad gefangen bist. Möglicherweise bist du ängstlich, selbst Verantwortung zu

Klare Ziele

übernehmen und eigene Ziele ins Visier zu nehmen. Auch denkbar ist das klassische Problem des digitalen Zeitalters als Ursache: Du hast zu viele Ideen und setzt dir zu viele Ziele.

Falls du mit deinem Leben aktuell zufrieden bist, halte Ausschau nach kleinen Verbesserungspotenzialen. Findest du keine, dann hast du womöglich bereits die richtigen Muss- und Wunsch-Ziele. Dies bedeutet, dass du anhand der Ratschläge in den weiteren Kapiteln dieses Buches vielleicht noch die Planung optimierst, aber ansonsten alles so belässt, wie es ist.

Anders sieht die Sache aus, wenn du mit deinem Leben unzufrieden bist:

> ➤ Du verfehlst regelmäßig deine Ziele?
> ➤ Dein Alltag belastet dich zu sehr?
> ➤ Dein Beruf, deine Freizeit und die Menschen in deinem Umfeld hinterlassen bei dir zu viele negative Emotionen?
> ➤ Dir fehlen die Ideen zum kreativen Zeitvertreib und es erscheint dir, als würdest du dein Leben verschwenden?

Exakt für diese Emotionen und Probleme sind die folgenden Inhalte eine Hilfe. Sie inspirieren dich, weisen auf Talente sowie die Perspektiven durch das Ausnutzen der Talente hin und liefern dir konkrete Anleitungen, um dich für passende Wunsch-Ziele zu entscheiden.

> **Beispiel**
>
> Der US-Schauspieler Denzel Washington, der als ein einzigartiger Charakterdarsteller und für sein Engagement außerhalb der Schauspielerei bekannt ist, sprach mehrere Male vor College-Absolventen.

> Seine Motivationsreden werden auf mehreren YouTube-Kanälen in einer Reihe mit denen der größten Unternehmer sowie Politiker gelistet. In einer seiner Reden trug er einen wichtigen Punkt vor: Es käme bei uns Menschen *nicht* immer darauf an, *wie viel* wir hätten, sondern *was* wir hätten. Es sei jedoch wichtiger, das zu tun, was einem im Leben liegt und was das Richtige für einen selbst ist. Dadurch, dass man seinen Leidenschaften folge und darauf aufbaue, was man bereits habe – ob es Charakterzüge wie Geduld oder Ressourcen wie Geld sind –, steigere man die Chance auf Erfolg.

Inspirieren lassen und mutig Neues ausprobieren

Häufig folgen Menschen ihren Wunsch-Zielen nicht, weil damit eine gewisse Unsicherheit oder Unwahrscheinlichkeit in Verbindung steht. Daraus lässt sich der zentrale Vorteil erschließen, den die Verpflichtungen haben: Das Leben zu leben, das man muss – arbeiten, schlafen, sich ernähren, Haushalt pflegen, mehr oder weniger auf die Gesundheit achten –, ist mit Sicherheit und Normalität verbunden. Man tanzt nicht aus der Reihe. Dementsprechend selten muss man sich den Menschen erklären. Wenn du an dieser Stelle stutzig wirst, dann erklärt dir das folgende Beispiel, was gemeint ist: Stelle dir vor, du beobachtest zwei Personen. Die eine Person arbeitet acht Stunden täglich, geht danach nach Hause und macht sich ihr Essen. Der Rest des Tages wird mit Seriengucken auf der Couch verbracht. Die andere Person arbeitet acht Stunden, hat zusätzlich einen Minijob und macht parallel ein Fernstudium. Sie ist oftmals erschöpft, weil sie ein hohes Pensum bewältigt. Deswegen nutzt sie den Sonntag für ausgiebige Erholung. Bei welcher dieser Personen würdest du eher Einwände gegen den Alltag erheben? Meist trifft es die zweite Person, die zwei Jobs hat und gleichzeitig studiert. Denn so ein Pensum zu haben – ist das denn normal?

Nein. Aber seit wann ist nicht normal denn automatisch schlimm? Solange man die Regeneration als ausreichend empfindet und die kleinen Auszeiten tagsüber gut nutzt, kann man einen noch so vollen Terminplan haben und trotzdem zufrieden und größtenteils erholt sein. Wenn du deine wahren Wunsch-Ziele finden und deine Lebenszeit maximal effizient ausnutzen möchtest, lasse dich bitte inspirieren! Traue dich, auch ungewohnte Wege zu gehen. Möglicherweise zieht dies nach sich, dass du Neues ausprobierst. Habe keine Scheu davor.

> ### *Beispiel*
>
> Zum Festlegen von Zielen trug Denzel Washington in einer seiner Reden eine Anekdote vor. Er kam auf eine Aufgabe eines IQ-Tests zu sprechen: Bei diesem Test gibt es neun Punkte in drei Reihen innerhalb einer Box. Die Aufgabe besteht darin, mit einem Bleistift fünf Linien zu ziehen, ohne den Bleistift anzuheben. Der Knackpunkt: Die fünf Linien sollen all die neun Punkte miteinander verbinden. Diese Aufgabe kann nur erfolgreich abgeschlossen werden, wenn man die Linien bis außerhalb der Box zieht. Mit diesem Beispiel appelliert Washington an die Studenten, außerhalb der Box zu denken; also auch ungewöhnliche Gedankengänge zu verfolgen und dementsprechend zu handeln.

Die Wunsch-Ziele sind es, die dich deine Komfort-Zone verlassen lassen. Für diese Wunsch-Ziele gehst du die Extrameile in deinem Leben. Du tust nicht mehr nur das, was du musst, sondern das, was dir am Herzen liegt. Falls du bei diesem Wunsch-Programm Erfolg haben und die Ziele erreichen möchtest, sollten deine Ziele aus vollem Herzen kommen. Betrachte diese Wunsch-Ziele anschließend genau als das, was sie sind: eine Wunsch-Planung, bei der du zwar zielgerichtet vorgehst, aber keinen Druck verspürst. Wen interessiert denn, ob du beim nächsten Handballspiel in einer der untersten Ligen Deutschlands mal einen Freiwurf versemmelst? Wen interessiert denn, wenn das Fernstudium in den Sand gesetzt wird? Eventuell war es dann einfach nicht das Richtige für dich. Du hast nach wie vor deinen Vollzeitjob und somit alle Sicherheiten im Leben.

Die Wunsch-Ziele warten auf dich. Sie warten auf all deine Kreativität, deinen Mut, deine Begeisterung, deine Leidenschaft, deine Visionen, deine Träume. Habe keine Angst, Fehler zu machen! Denke nicht darüber nach, dich vor anderen rechtfertigen zu müssen, wieso du ein bestimmtes Hobby ausübst oder nicht! Zeige dich selbst den ausgefallensten Hobbys und Ideen gegenüber offen, denn vielleicht ist in einer der schier wahnsinnigen Ideen genau das Richtige für dich verborgen!

> ### Aufgabe 3
>
> Fange an, eine vorläufige Liste mit Wunsch-Zielen zu erarbeiten. Trage hierzu auf ein leeres Blatt Papier alle Dinge und Ziele ein, die du gern machen würdest. Die genaue zeitliche Planung bis zur Umsetzung sowie das Abwägen, welches Ziel Sinn ergibt, ist später dran. Erstmal sammelst du nur. Versuche bei der Erstellung der vorläufigen Liste, deine Erkenntnisse aus den Aufgaben zu sozialen Bedürfnissen mit einzubinden. Welche Wunsch-Ziele eignen sich dazu, deine sozialen Bedürfnisse zu befriedigen? Berücksichtige außerdem – falls du mit deinem Vollzeitjob, den Mietzahlungen oder anderen Verpflichtungen in deinem Leben unzufrieden bist –, welche Chancen es gibt, anhand von Wunsch-Zielen langfristig etwas zu ändern. Hier sind Ziele wie die Finanzierung eines Eigenheims, häufiger verreisen, Studium neben dem Beruf, Fortbildung und ähnliche Ziele absolut richtig am Platz. Weitere Ratschläge erwarten dich in den kommenden Unterkapiteln. Deine Liste an Wunsch-Zielen darf gern umfangreich sein.

Persönliche Hobbys und Talente – hier schlummern große Möglichkeiten

Schon mal darüber nachgedacht, dass Hobbys und Talente zum Beruf werden können? Es ist nicht die Regel, aber möglich ist es. Vor allem in heutigen Zeiten ist es einfacher, Hobbys und Talente zu monetarisieren. Mal angenommen, du hast handwerkliches Geschick und setzt es auf deine Wunschliste, jeden Tag ein altes Möbelstück zu überarbeiten. Du schleifst einen alten Schrank ab, grundierst und lackierst ihn neu. Die Innenseiten des Schranks bespannst du mit Stoff. So entsteht ein französischer Provence-Stil. Aus Jux kommst du auf die Idee, den Schrank auf Ebay-Kleinanzeigen zum Verkauf zu stellen. Du machst beim Verkauf einen satten Gewinn, denn die Interessenten zahlen gern für einzigartige Produkte, die Persönlichkeit ausstrahlen. Mit der Zeit kommst du auf die Idee, deine Kunstwerke in den Sozialen Medien zu verbreiten, erstellst einen Online-Shop mit einem einfachen Baukasten-System und baust dir ein kleines Business auf. Nebenberuflich erwirtschaftest du dadurch einen hohen vierstelligen Betrag pro Jahr. Hinzu kommt, dass du einer Sache nachgehst, die dir am Herzen liegt und Spaß macht. Über die Sozialen Medien erhältst du Anerkennung. So werden auch deine sozialen Bedürfnisse befriedigt.

Hobby und Talent = Beruf

Diese einfache Formel kann aufgehen, wenn du es möchtest. Falls du es als zu stressig empfindest und dein Hobby lieber Hobby lassen sein möchtest, steht dir das natürlich ebenso frei. Ob als Beruf oder zum Spaß: Fördere Hobbys und Talente! Mache mehr von dem, was dir Spaß macht. Baue deine Talente aus. Arbeite, um aus dem Hobby vielleicht einen Beruf zu machen. Nicht nur Hobby und Talente sind wichtig: Auch der Ausbau von Wissen und Interessen machen sich auf deiner Liste exzellent. Diese Tipps helfen dir dabei, passende Wunsch-Ziele zu finden und festzulegen.

> **Hinweis!**
>
> Die Ausübung von Hobbys sollte niemals stressig werden. Ansonsten dienen sie nicht der Entspannung und erfüllen dich immer weniger mit Freude. Zielsetzungen, die deine Hobbys betreffen, werden im Idealfall möglichst locker formuliert. Lasse zudem Raum für Spontaneität. Sobald du merkst, dass das Hobby dich in irgendeiner Form belastet oder es dir zu viel Zeit abverlangt, sodass du dich tagsüber nicht oder kaum entspannen kannst, solltest du deine Zielsetzungen entschärfen.

„Eines Tages wird deine Zeit gekommen sein. An deinem Sterbebett werden nicht nur Freunde und Familie stehen, sondern auch die anderen Begleiter deines Lebens: deine Talente und Fähigkeiten. Sie werden dir sagen, dass es schade ist, dass du sie ungenutzt gelassen hast. Dass du irgendwann das Zeitliche segnen würdest, war von vornherein klar. Die Talente jedoch hätten dich überdauern können. Nun werden sie leider mit dir zusammen beerdigt."
– *Denzel Washington (US-Schauspieler)*

Mit diesem Zitat schließen wir die Aussagen von Denzel Washington ab. Der Schauspieler animierte Studenten mit diesem Satz dazu, ihre Talente und Fähigkeiten möglichst gut zu nutzen. Fehler seien dabei nur allzu normal. Auch große Fehler könnten eintreten. Es komme im Leben aber darauf an, diesen Mut zu Fehlern zu haben. Und wenn man fällt, immer nach vorn zu fallen und weiterzugehen. Bloß nicht zurückfallen …

Aus Alt mach Neu – Fähigkeiten im Wandel der Zeit

Bei deiner Suche nach Wunsch-Zielen für eine umfassende Zielplanung wartet ein letzter Ratschlag auf dich: Gewöhne dir an, niemals auf Basis früherer Erfahrungen ein Ziel endgültig abzuschreiben. Wenn du früher etwas nicht konntest oder es dir ausgeredet wurde, muss es nicht zwingend auch heute noch falsch für dich sein. Im Laufe der Jahre kann sich vieles in deinem Denken und Handeln geändert haben. Eventuell liegen dir heute Tätigkeiten, die vor fünf bis zehn Jahren ungeeignet für dich waren.

Auf diesen Sachverhalt kommt auch Autor Bernhard Moestl in seinem Bestseller *Der Weg des Tigers* (2013) zu sprechen. Er führt eine Erfahrung aus seinem eigenen Leben an: Ihm wurde in seinem Umfeld immer wieder eingeredet, er habe kein handwerkliches Geschick. Noch dazu machten ihm handwerkliche Tätigkeiten keinen Spaß. Er ließ daher häufig anderen Menschen bei den entsprechenden Arbeiten den Vortritt. Dabei war er überzeugt von seiner eigenen Unfähigkeit. Eines Tages geriet er in eine Situation, in der er gezwungen war, ein Fotostudio zu renovieren. Helfer waren nicht verfügbar. Die Not der Situation brachte ihn dazu, sich selbst zu versuchen. Er nahm sich vor, seine vermeintliche jahrelange Unfähigkeit zu vergessen und sich der Aufgabe unvoreingenommen anzunehmen. Das Ergebnis: Alle Renovierungen sahen vollkommen zufriedenstellend aus. Offensichtlich hatte er doch nicht zwei linke Hände.

Was Moestl mit diesem Beispiel sagen möchte und worauf er später direkt zu sprechen kommt, ist die Tatsache, dass im Laufe der Zeit jeder Mensch eine Weiterentwicklung durchläuft. Wieso sollte der Mensch im Rahmen dieser Weiterentwicklung nicht neue Fähigkeiten erlernen, von denen er gar nicht weiß? Zitat von Moestl: *„Es ist aber eine Tatsache, dass wir dazulernen und uns weiterentwickeln. Und dass wir heute vielleicht Dinge mit Leichtigkeit tun könnten, die uns vor zehn Jahren noch unmöglich gewesen wären."*

Dieser Sachverhalt lässt sich mit einem Wort transparent erklären: Transferleistungen. Wenn du im Laufe deines

Lebens bestimmte Dinge oder Aktivitäten erlernst, profitierst du davon ebenfalls in Bezug auf andere Dinge und Aktivitäten. So kann eine Person, die bereits zehn Instrumente spielen kann, jedes weitere Instrument mit geringerem Aufwand erlernen als eine Person, die noch kein Instrument spielt. Außerdem gibt es ein weiteres Phänomen, das wissenschaftlich leider wenig erforscht ist: Wenn du eine Aktivität eine Zeit lang probiert hast und dann eine längere Pause (egal, ob Jahre, Monate, Wochen) machst, kannst du die Aktivität nach der Pause leichter lernen. Einige Lernkonzepte machen davon Anwendung und verweisen dabei auf das Langzeitgedächtnis: Wer eine Aktivität um jeden Preis durchpaukt, wird die Abläufe nur im Kurzzeitgedächtnis behalten und sie schlechter abrufen können. Demgegenüber stehen Personen, die sich regelmäßig mit den Inhalten befassen und diese dadurch im Langzeitgedächtnis speichern können, von wo aus sie besser abrufbar sind, wenn sie erstmal sitzen.

Aufgabe 4

Übertrage diese Erkenntnisse auf deine Wunsch-Ziele, indem du dir überlegst, ob es Dinge gibt, die du gern machen würdest, aber bei denen du an deinen Fähigkeiten zweifelst. Denke zurück bis in deine Kindheit: War dort, in deiner Jugend oder im Erwachsenenleben etwas, was du sehr gern machen wolltest, aber aus verschiedensten Gründen nicht funktioniert hat? Falls ja, dann schreibe es auf einen leeren Zettel auf. Überlege anschließend bei jeder dieser Sachen, wieso du sie nicht beherrscht hast oder nicht umsetzen konntest. Beantworte dir dann die Frage, ob es heute anders sein könnte. Probiere am besten unverbindlich die Aktivitäten aus. So merkst du am besten, ob dir eine früher unpassende Aktivität heute besser liegt. Wenn dem so ist, dann nimmst du die Sache am besten in die vorläufige Liste mit deinen Wunsch-Zielen auf.

Vom bloßen Ziel zur Handlung

Wie viele Wunsch-Ziele hast du jetzt beisammen? Was kommt für dich in Frage? Worin möchtest du dich neu entdecken? Wenn du mithilfe der bisherigen Aufgaben und Inhalte in diesem Kapitel einige Wunsch-Ziele formuliert hast, stellt sich jetzt die Frage nach der Operationalisierung:

Wie überführst du deine Wünsche und Träume in Handlungen? Wie viele Wunsch-Ziele gleichzeitig kannst bzw. solltest du festlegen, um dich angesichts der parallel existierenden Verpflichtungen nicht zu überfordern?

Bei deinen alltäglichen Verpflichtungen ist es etwas einfacher. So ist für deine Arbeit meist eine bestimmte Zeitspanne vorgegeben. Die Aufgabenzuteilung übernehmen deine Vorgesetzten oder der Chef direkt. Die Pflichten im Haushalt wiederum sind flexibel planbar und werden meist dann gemacht, wenn die Zeit dafür da ist – oder sie werden überhaupt nicht gemacht ... Trotzdem: Verpflichtungen verlangen dir in der Regel etwas weniger Planung ab als freiwillige Ziele.

Bei deinen Wunsch-Zielen bist du der Boss: Du bestimmst, welches Ziel du wählst, wie du es in Zwischenschritte unterteilst und schließlich, wie du es erreichst. Auch bestimmst du die Menge der Ziele. Du trägst die Verantwortung für deine Ziele. Natürlich kannst du, wie es viele Personen machen, lieber auf die Ratschläge anderer Leute hören und deren Wünsche in deinem Leben verfolgen. Oder du machst gar nichts. Dann hast du keine Verantwortung und musst nichts planen. Aber dann hat dieser Ratgeber nichts bewirkt. Es ist Zeit, zu handeln und die Träume anzupacken. Hierfür ist es unabdingbar, dass du die Verantwortung für deine Zielsetzung und dein Handeln übernimmst.

Es ist Zeit, Verantwortung zu übernehmen

Falls du dich bisher davor gesträubt hast, die Verantwortung für dein Handeln zu übernehmen, ist spätestens jetzt ein Umdenken angesagt. Du stehst vor mehreren Möglichkeiten, wie du mit der Wirkung deines Umfelds auf dich umgehst. Bei all den Optionen für Zielsetzungen, die du aus den ersten beiden Schritten dieses Ratgebers zusammengetragen hast, wird das Umfeld eine Rolle spielen. Grund hierfür ist, dass bei so ziemlich jedem Ziel andere Menschen involviert sind. Selbst, wenn du so etwas wie eine Diät für dich behältst, werden Freunde, Familie oder Arbeitskollegen früher oder später merken, dass sich etwas an deinen Essgewohnheiten geändert hat. Für die einen wird es ein Grund zum Lob, für die anderen hingegen ein Grund zum Tadel sein.

> *Beispiel*
>
> Lob und Kritik solltest du heutzutage nicht immer ernst nehmen. Ein erstaunliches Beispiel sind die Reaktionen auf einen Instagram-Post des Plus-Size-Models Ashley Graham. Die Frau hat ihre Rundungen und medizinisch betrachtet ist sie übergewichtig, was sie allerdings akzeptiert. Sie ist damit glücklich und arbeitet erfolgreich als Model. Eine umfassende Fanbase bewundert sie. Soweit ist alles in Ordnung. Nun hat Ashley Graham scheinbar trotzdem sportliche Hobbys. Sport auszuüben, aber trotzdem seiner übergewichtigen Figur treu zu bleiben und mit ihr zufrieden zu sein, widerspricht sich nicht. Als sie ein Foto von sich im Fitnessstudio postete, sammelte sich dennoch reichlich Kritik von ihren Followern. Sie bleibe sich nicht mehr treu und stehe nicht zu ihrem Körper, hieß es vereinzelt. Diese Form der Kritik ist unangemessen.

Dieses Beispiel soll keine Debatte über die Berechtigung von Sport, Übergewicht oder körperliche Ideale auslösen. Es soll nur veranschaulichen, dass heutzutage Menschen teilweise so stark auf eine Sichtweise ausgerichtet sind, dass sie nicht mehr differenzieren können. So kann es dazu kommen, dass du sogar bei – aus deiner Sicht – höchst lobenswerten Zielen viel Kritik zu hören bekommst. Mache dich darauf gefasst, bei deinen Entscheidungen vielleicht die seltsamste und absurdeste Kritik zu hören; wie in dem Beispiel. Die Philosophie der Kritiker würde in dem Beispiel nämlich bedeuten, dass keine übergewichtige Person auf ihre Figur stolz sein kann, wenn sie Sport praktiziert. Hat aber nicht jeder Mensch das Recht, in der Öffentlichkeit sportliche Hobbys auszuüben?

Kritik wird es immer geben. Es hilft, sich diese Kritik anzuhören. Je sinnvoller die Kritik aus deinem Blickwinkel erscheint, umso mehr darf sie in die Entscheidung über das Setzen und Verfolgen von Zielen einbezogen werden. Aber die Entscheidung ist stets deine oder – im Falle gemeinsamer, weil z. B. familiärer Ziele – deine und die anderer Beteiligter. Negative Umstände im Umfeld können sich früher oder später ergeben. Du entscheidest, ob du jammern und die Verantwortung für die Entscheidung abwälzen oder in Eigenregie den nicht vermeidbaren Widerständen zum Trotz dein Traumleben leben möchtest. Sobald du deine Eigenverantwortung erkennst und dementsprechend handelst, wird dir bewusst werden, dass du die Fähigkeit hast, dein Umfeld zu beeinflussen und zu steuern, und entscheiden kannst, wie weit du dich von diesem beeinflussen lässt.

Präzisere deine Liste mit Wunsch-Zielen

Bei deiner Liste für Wunsch-Ziele ist zuallererst wichtig, dass du das aufschreibst, was von deinem heutigen Standpunkt aus realistisch und planbar ist. Ob das jeweilige Ziel kurz-, mittel- oder langfristig ist, spielt dabei keine Rolle. Du unterteilst die Ziele schließlich zur besseren Operationalisierung ohnehin in Zwischenschritte. Mehr diesbezüglich erwartet dich im vierten Schritt dieses Buches, wenn du deine langfristige Planung präzise ausformulierst.

Zeitaufwand einschätzen

Nach der Formulierung realistischer Ziele musst du herausfinden, wie viel Zeitaufwand sich hinter deinen Wunsch-Zielen verbirgt. Nur so kannst du später die richtige Menge an gleichzeitig verfolgten Zielen wählen, um dich nicht zu sehr zu belasten. Falls du neben deinen Verpflichtungen zu viele Wunsch-Ziele wählst, gehst du Risiken ein. Möglich ist zum einen, dass durch die Vielzahl an Zielen keines richtig umgesetzt wird und die Verpflichtungen darunter leiden. Zum anderen kann es dazu kommen, dass du eine Zeit lang alle Ziele gut verfolgst, aber dann zu stark ausgelastet bist und mentale sowie körperliche Ermüdungserscheinungen eintreten, die dich vollends ausbremsen.

Daher besteht der nächste Schritt nach dem Aufschreiben deiner Wunsch-Ziele darin, dass du den Zeitaufwand für jedes dieser Ziele einschätzt. Es kann der tägliche Zeitaufwand sein, ebenso aber der Zeitaufwand über einen längeren Zeithorizont. Beim Verreisen beispielsweise kannst du den täglichen Zeitaufwand schlecht erfassen, weil du nicht täglich verreist. Hier macht es mehr Sinn, den monatlichen Zeitaufwand anzugeben.

Wichtig: Schätze den Zeitaufwand realistisch und großzügig ein. Dazu gehören auch vorbereitende Maßnahmen, wie die Sporttasche zu packen oder bei einem Ausflug mit der Familie vorher einzukaufen (z. B. Proviant und Zelt für ein Camping-Wochenende). Wenn du mehr Allgemeinwissen haben möchtest, und dafür dein Smartphone als Wissensbibliothek nutzt, entfallen vorbereitende Maßnahmen. Bei regelmäßigen Ausflügen in die Bibliothek dagegen fallen vorbereitende Maßnahmen an. Gleichwohl gibt es aber auch

Klare Ziele

Ziele, die keinen zusätzlichen Zeitaufwand erfordern, wie z. B. die Raucherentwöhnung. Sie bescheren dir eher mehr Zeit, weil du keine Zigaretten mehr kaufen musst. Notiere in deiner Liste neben jedem Ziel, wie viel zusätzliche Zeit es dich kostet.

Abschlussaufgabe

Überarbeite die Liste, mit der du bisher in den vier Aufgaben des Kapitels gearbeitet hast. Du hast Wunsch-Ziele notiert. Nun streichst du die Wunsch-Ziele von der Liste, die dich nicht vollends überzeugen. Streiche außerdem die Ziele, die dir vom heutigen Standpunkt aus überhaupt nicht realistisch erscheinen. Es muss nicht zwingend ein „Lebewohl" sein, denn eventuell werden die Ziele in ein paar Jahren oder Monaten realistisch. Fürs Erste aber sind sie es nicht und gehören nicht auf die Liste. Trage neben jedem verbleibenden Wunsch-Ziel Ziffern ein, die dessen Priorität beschreiben. Die Ziffer „1" steht für die höchste Priorität, „5" steht für die geringste Priorität. Notiere zudem den Zeitaufwand, den du hinter jedem Ziel vermutest. Die Menge deiner Ziele ist zunächst egal.

Anleitung zur Durchführung der Aufgabe

Nehmen wir als Beispiel Ingo, der beim Lesen dieses Kapitels in den einzelnen Aufgaben folgende Wunsch-Ziele für sich ausgemacht hat:

- Bei den Aufgaben 1 und 2 hat er keine, weil er mit seinem sozialen Umfeld sehr zufrieden ist.
- Bei der Aufgabe 3 hat er als Ziele ein besseres Gehalt bei seinem Vollzeitjob eingetragen, was er durch eine Fortbildung und den damit einhergehenden Erwerb neuer Qualifikationen zu erreichen gedenkt.

Außerdem hat er in der Aufgabe 3 das Ziel formuliert, das Tischtennisspielen im Verein wieder aufzunehmen. Tatsächlich fehlt ihm diese Leidenschaft aus seiner Jugendzeit ziemlich.

- Die Aufgabe 4 hat Ingo die Erkenntnis gebracht, dass ihm immer nachgesagt wurde, er könne nicht kochen. Dabei ist der Ursprung dieser Behauptung ziemlich lächerlich, denn ihm ist nur einmal ein Gericht misslungen; dummerweise dann, als er den gesamten Bekanntenkreis bekocht hat. Dementsprechend hatte das Malheur große Auswirkungen. Weil Ingo vor allem am Wochenende und manchmal an den Abenden viel Zeit hat, nimmt er sich vor, es hin und wieder mit dem Kochen zu versuchen. Dadurch kann er eventuell seiner Ehefrau eine nette Überraschung machen.

Ingo legt die Prioritätsziffern für seine Wunsch-Ziele wie folgt fest:

- Fortbildung: 1
- Tischtennis: 2
- Kochen: 4

Offenkundig ist ihm eine Verbesserung seiner beruflichen Situation am wichtigsten, aber die Aufnahme seines alten Hobbys ist ihm fast genauso wichtig. Zuletzt ist das Kochen in Ingos Augen eher ein netter Zusatz, mit dem er sich die Zeit vertreibt, wenn alles andere gut läuft und er viel verfügbare Freizeit dafür hat. Daher hat Kochen eine geringere Priorität. Auf Basis der Prioritätsziffern legt der den Zeitaufwand fest, der bei der Fortbildung am höchsten ausfällt. Er hält sich an den Lehrplan: Seine Fortbildung soll insgesamt anderthalb Jahre dauern, bei einer empfohlenen Lernzeit von 20 Stunden wöchentlich. Vorsichtshalber kalkuliert er 5 Stunden dazu, die er größtenteils aufs freie Wochenende legt. Tischtennis steht zweimal pro Woche an, insgesamt je anderthalb Stunden pro Training, sodass wöchentlich drei Stunden Zeit dafür draufgehen. Aber Moment: Du erinnerst dich sicher, dass auch vorbereitende Maßnahmen in eine Zeitplanung einfließen sollten. Für Ingo bedeutet dies, dass bei drei Stunden Tischtennis pro Woche noch anderthalb Stunden vorbereitende Maßnahmen (Tasche packen, Hin- und Rückfahrt) hinzukommen. Es kostet ihn also 4,5 Stunden Zeit pro Woche. Das Kochen ist weniger wichtig. Ingo würde es bereits reichen, wenn er an zwei Wochenenden im Monat je drei Stunden Zeit für ein oder zwei Gerichte fände; also sind wir bei einem monatlichen schätzungsweisen Zeitaufwand von sechs Stunden.

Diese Angaben sind noch nicht verbindlich. Aber sie geben bereits eine Richtung vor, was Ingo wie wichtig ist und was wie viel Zeit in Anspruch nimmt. Damit kann er in den folgenden Schritten bzw. Kapiteln des Ratgebers seine Zielsetzungen verfeinern und letztlich eine genaue Gesamtplanung für seine Ziele entwerfen.

3. Schritt | Filtern und entscheiden – was wirst du tun?

Das Filtern ist der Schritt, der dir hilft, herauszufinden, welche deiner vielen Zielen du zeitnah in Angriff nimmst. Einen Filter hast du bereits im ersten Schritt der Zielfindung angewandt: Den „Muss"-Filter. Diese Ziele bzw. Pflichten wirst du gezwungenermaßen verfolgen, weil du sie für dein Leben brauchst. Sie sind in der Planung relevant, weil sie die für deine eigenen Ziele verfügbare Zeit und Energie einschränken.

Das Muss, also die Verpflichtungen, lassen wir zunächst außen vor. Wir setzen am Ende des zweiten Schrittes an, nämlich bei deinen Wunschzielen. Im Idealfall hast du nach den letzten Übungen eine Liste aus mehreren Zielen beisammen. Das ist **Liste 2 mit deinen Wunsch-Zielen.** Große Enthusiasten und Visionäre werden womöglich 20 Ziele beisammenhaben, bescheidene Personen vielleicht um die zwei oder drei Ziele. Die Menge ist egal, solange alles aufgeschrieben ist, was dir am Herzen liegt.

Je mehr Ziele du hast oder umso mehr Zeit einzelne Ziele in Anspruch nehmen, umso eher wirst du das Dilemma merken, das oftmals bei erfolglosen Personen ohne klare Zielplanung eintritt: Die Ziele kollidieren eventuell miteinander und es kommt – wenn du alle deine Wünsche verfolgen möchtest – zu einem enormen Zeitaufwand. Eventuell steht so viel Zeit nicht mal zur Verfügung. Taucht bei dir dasselbe Problem auf?

Was auch immer in deiner Wunsch-Liste steht: Es darf dich nicht überfordern. Die notwendige Maßnahme, die du im Zuge dieses Schrittes vollziehst, ist deswegen das Filtern. Nimm hierfür 1) deine Liste 2 mit Wunsch-Zielen und 2) zusätzlich die Liste 1, auf der deine Verpflichtungen aus Schritt 1 dieses Buches notiert sind. Schreibe jetzt – falls noch nicht gemacht – auf, wie viel Zeit deine Verpflichtungen täglich beanspruchen. Im Normalfall, bei einem 40- bis 48-Stunden-Job, wirst du unter der Woche kaum mehr als drei bis fünf Stunden Zeit übrighaben, um an deinen Wunsch-Zielen zu arbeiten. Du merkst, was ansteht: das Filtern. Beim Filtern werden durch die Ratschläge zur Auswahl der Ziele die Systemeigenschaften berücksichtigt. Wie wirken die Ziele aufeinander? Das ist eine der Fragen, die geklärt wird, um die Auswahl der Ziele zu optimieren.

Beim Filtern helfen dir mehrere Methoden. Vier Methoden habe ich für dich parat. Du musst sie nicht zwingend in dieser Reihenfolge anwenden. Dementsprechend musst du auch die einzelnen Aufgaben in diesem Kapitel nicht der Reihe nach machen. Es bietet sich an, zuerst das gesamte Kapitel einfach durchzulesen und dir dann zu überlegen, welche Methoden du probieren bzw. anwenden möchtest. So findest du am ehesten die richtige Filtermethode für dich.

Methode 1 zum Filtern: Komplementäre Ziele suchen

Aus meinem Studium habe ich den brillanten Ansatz der Unterteilung und Filterung nach Zielbeziehungen mitgenommen: Ziele stehen in verschiedenen Beziehungen zueinander; damit es dir in der Umsetzung hilft, reicht bereits eine Unterteilung in komplementäre, konfliktäre und indifferente

Ziele aus. Klingt alles zu wissenschaftlich? Kein Problem, dann machen wir es mal einfacher …

Komplementäre Ziele sind miteinander vereinbar. Sie unterstützen sich gegenseitig. Dadurch, dass du zwei Ziele verfolgst, die sich gegenseitig unterstützen, fördert die Erreichung des einen Ziels gleichzeitig die Erreichung des anderen Ziels. Dies ist für dich vorteilhaft, wenn es um das Verfolgen mehrerer deiner Ziele geht. Denn bei zwei sich ergänzenden Zielen ist die Umsetzung einfacher. Für die Liste oben sähe es beispielsweise wie folgt aus:

> - Die Ziele „Diät" und „mehr Sport machen" sind zwei verschiedene Ziele, aber unterstützen sich gegenseitig.
> - Auch das Aufhören mit dem Rauchen und der Sport können als komplementär angesehen werden, denn der Sport lenkt von der schwierigen Raucherentwöhnung ab (Stichwort: Suchtverlagerung), sodass diese im Idealfall konsequenter und erfolgreicher durchgezogen wird.
> - Nicht komplementär hingegen wäre es bei berufstätigen Menschen, ein Fernstudium und gleichzeitig Wochenendausflüge zu machen. Für ein Fernstudium ist nämlich ein hoher Zeitaufwand nötig. Wer die Wochenenden nicht zum Teil investiert, wird es schwierig haben, bei einem parallel ausgeübten 48-Stunden-Job das Studium erfolgreich zu absolvieren.

Wenn du komplementäre Ziele ausmachst, hast du die Chance, mehr Ziele von deiner Wunsch-Liste in der dir verbleibenden täglichen Zeit abzuarbeiten. Stelle dabei immer sicher, dass du komplementäre Ziele nicht nur deswegen wählst, weil sie sich ergänzen und du dann möglichst viel machen kannst. Sie müssen dir auch wirklich am Herzen liegen. Also: Nicht auf Teufel komm raus in deine Liste neue

Ziele eintragen, die sich mit den anderen Zielen ergänzen! Stattdessen orientierst du dich streng an deiner angefertigten Liste mit Verpflichtungen und Wunsch-Zielen.

Hilfreich ist es zudem, **konfliktäre Ziele** auszumachen; also solche, die sich behindern. Dadurch erhältst du Aufschluss darüber, welche Ziele du womöglich nicht zeitgleich verfolgen solltest. Ein Beispiel hierfür hatte ich gerade erwähnt: 48-Stunden-Job als Verpflichtung und Fernstudium sowie Wochenendausflüge als Wunsch-Ziel. In seltenen Fällen kann dieses Vorgehen klappen, aber bei einem Vollzeitjob mit Arbeitszeit am Samstag sind Wochenendausflüge und Fernstudium konfliktär, weil beides viel der restlichen verbliebenen Zeit frisst.

Die **indifferenten Ziele** sind solche, die sich gegenseitig nicht beeinflussen. Nach Kenntnis über komplementäre, konfliktäre und indifferente Ziele bietet es sich an, dass du die komplementären Ziele in deinen Plänen bevorzugst, weil du so deine Wunsch-Ziele am besten abarbeiten kannst. Wenn dir ein Ziel, das sich mit den anderen Zielen schlecht vereinbaren lässt – also ein Ziel, das mit den anderen konfliktär ist –, besonders am Herzen liegt, dann solltest du dir genau durch den Kopf gehen lassen, ob es dir dieses Ziel wirklich wert ist, alle anderen Wunsch-Ziele fürs Erste aufzugeben oder auf einen späteren Zeitpunkt zu verschieben.

> ### Aufgabe 1
> Schaue in deine beiden Listen mit Verpflichtungen und Wunsch-Zielen. Überlege, welche Beziehungen sich unter den Zielen auftun. Schreibe auf einem separaten Blatt Papier auf, welche Ziele zueinander komplementär, konfliktär und indifferent sind. Weil du deinen Verpflichtungen ohnehin nachkommen musst, gehst du im Idealfall davon aus und ermittelst, welche Wunsch-Ziele

> sich am besten mit deinen Verpflichtungen vereinbaren lassen: Welche Wunsch-Ziele sind komplementär zu deinen Verpflichtungen? Welche Wunsch-Ziele sind eher konfliktär und sollten zunächst gemieden werden?

Methode 2 zum Filtern: Ziele an den Charakter anpassen

Jeder Mensch ist einzigartig. Individuelle Charaktere ziehen individuelle Ziele nach sich. Genau deswegen liest du übrigens zurzeit dieses Buch – du bist individuell und externe Ratschläge haben dich bisher nicht zufriedengestellt. Nun suchst du nach Antworten in dir selbst. Angesichts dessen gibt es wohl kaum was Besseres, als sich ein paar grundlegende Gedanken darüber zu machen, wer man überhaupt wirklich ist ...

Manchmal fällt die Antwort auf die Frage, wer man ist, leichter als die Antwort auf die Frage, was man tun will. Gelingt es dir vielleicht, dich auf Anhieb zu kategorisieren, z. B. als Familienmensch, Karrieremensch, Sportfanatiker, sozialer Mensch? Natürlich ist das gewissermaßen ein Schubladendenken, das simplifizierend ist, und vielleicht willst du dich selbst nicht auf diese Weise einordnen. Manchmal bringt dich das einfache Schubladendenken jedoch weiter als kompliziertes Denken.

> **Beispiel**
>
> Wenn du häufig und gern unter Menschen bist und dir kaum etwas Besseres vorstellen kannst, als deine Zeit mit anderen Menschen zu verbringen, dann deutet sich an, dass du eine ausgeprägte soziale Ader hast, die du mit deinen Zielen weiter fördern könntest.

> Das ist eine Form des einfachen Denkens, um den eigenen Charakter schnell zu umschreiben. Bist du das komplette Gegenteil von einem gesellschaftsfreudigen Menschen – hast du eine bestimmte Leidenschaft (z. B. Musik, Kunst, Sport, IT, Gaming, Fachliteratur) und in Verbindung mit dieser Leidenschaft einen festen Karriereweg vor Augen, bei dem private Beziehungen für dich kaum eine Rolle spielen? In diesem Fall böte es sich an, einen Weg einzuschlagen, bei dem du geradewegs deine Fähigkeiten förderst. Du bist ein Karrieremensch mit hohen Ambitionen.

Ein Charakter kann nicht immer so simpel eingestuft werden wie in diesen beiden Beispielen. Die besten Belege hierfür lieferte das letzte Kapitel, das dich auf die Notwendigkeit von Balance in deinem Leben hinwies. Dabei solltest du deine vielfältigen Bedürfnisse berücksichtigen. Und dennoch ist das Schubladendenken hin und wieder nützlich. Denn wenn du überhaupt keine Ideen hast, welche Ziele aus der Liste am besten zu dir passen, und die Balance bereits sichergestellt ist, wählst du einfach den simplen Weg des Schubladendenkens: Charakterisiere dich mit einem Wort, wähle das passendste Ziel aus und probiere aus, ob es dir liegt.

Nun gibt es aber Charaktere, die besonders kompliziert sind und bei denen sich Schubladendenken nicht anwenden lässt. Womöglich kennst du es selbst aus deinem Leben: Du bist hin- und hergerissen zwischen zwei Dingen. Einerseits willst du nichts lieber als für deine erträumte Karriere arbeiten, andererseits liegt dir vieles an deiner Familie. Was nun? Welche Ziele sollst du wählen? Wenn du dich nicht klar festlegen kannst, dann legst du die Ziele ausgewogen fest. Deine Arbeit deckt beispielsweise bereits einen großen Teil des „Karriere"-Bereichs ab. Es böte sich an, bei den Wunsch-Zielen weniger karriereorientierte Ziele auszusuchen, dafür aber den eigenen sozialen Bereich zu fördern. Passe deine Ziele an deinen aktuellen Charakter an und prüfe regelmäßig alle paar Monate, ob dir deine Ziele nach wie vor liegen. Es gibt reichlich beeindruckende Geschichten von Karrieremenschen, die sich nach einigen Jahren oder Jahrzehnten dachten: Nein, das ist nicht das, was ich will. Ihr Charakter wandelte sich oder sie erkannten, das von vornherein eine andere Seite in ihnen schlummerte. Sie schmissen den Beruf hin und bereisten die Welt oder widmeten sich stärker ihrer Familie.

Meine Erfahrungen

Ich selbst stehe bei der Auswahl neuer Ziele immer wieder vor enormen Herausforderungen, weil mein Charakter so vielschichtig ist. Ohne Zweifel hat diese Eigenschaft diverse Vorzüge, aber manchmal macht sie die Dinge schwieriger. So ist es bei mir mit Zielsetzungen. Ich komme fast nie daran vorbei, Aktivitäten zunächst mehrere Wochen oder sogar Monate auszuprobieren, ehe ich mir diesbezüglich Ziele setze. Die Anpassung der Ziele an den Charakter kann also hochkomplex sein und permanente Achtsamkeit erfordern, um bei Bedarf Veränderungen durchführen zu können. Was mir geholfen hat, waren regelmäßige Selbsttests. Diese gibt es im Internet in Massen. Man kann Selbsttest für den Beruf, die Persönlichkeit, das passende Hobby, die Familie und für zahlreiche weitere Felder machen. Probiere gern ein paar dieser Tests aus. Vorteilhaft sind die Tests insbesondere für Personen, die sich charakterlich schwer einschätzen können. Sie geben selbst bei den widersprüchlichsten Charakterzügen und bei den zwiespältigsten Antworten Ratschläge, die sich womöglich perfekt anwenden lassen.

Methode 3 zum Filtern: Bevorzuge die beeinflussbaren Ziele

Kennst du es, wenn du dir alles super zurechtgelegt und klasse geplant hast, aber der Erfolg der Sache auch von anderen Leuten abhängt, die einfach unzuverlässig sind? Meistens gibt es in Studium, Schule, Arbeit und Mannschaftssport – überall dort, wo Abhängigkeiten bestehen – diesen einen Gruppenpartner, der fast die gesamte Arbeit zunichtemacht. So kann es auch bei Zielen sein. Denn einige Ziele sind nicht nur von dir beeinflussbar.

Zum besseren Verständnis verhilft das Modell *Drei Kreise des Einflussbereichs* nach Stephen R. Covey. Es unterteilt die Ziele in drei Einflussbereiche:

> - von mir allein steuerbar
> - von mir beeinflussbar
> - betrifft mich

Wenn ein **Ziel von dir allein steuerbar** ist, dann kannst du an ihm arbeiten und musst dich mit keiner Person in der Vorgehensweise besprechen. Das sind nach Covey die Ziele, die du bevorzugen solltest. Der zentrale Vorteil ist die absolute Souveränität, der zentrale Nachteil die absolute Verantwortung. Bezüglich der Verantwortung hat dieser Ratgeber schon den ein oder anderen wichtigen Ratschlag gegeben: Auch wenn sie von Covey als Nachteil angeführt wird, so ist sie dennoch mit vielen Vorteilen verbunden. Denn wer Verantwortung übernimmt, hat auch die Kontrolle. Genau deswegen bist du bei einem Ziel, das von dir allein steuerbar ist, absolut unabhängig. Ein perfektes Beispiel findet sich in Calvin Hollywoods Ratgeber *Wer will, der kann!* (2018).

> **Beispiel**
>
> Hollywood erzählt davon, wie sein Sohn nach der Schule zurück nach Hause kam und berichtete, dass er nachsitzen müsse. Grund dafür sei eine Schlägerei mit einem Jungen. Hollywoods Sohn gelang es, dass die Schuld dem anderen Jungen zugesprochen wurde. Trotzdem mussten beide Jungs nachsitzen, was Hollywoods Sohn unfair fand. Der Vater, Hollywood, erklärte seinem Sohn das Problem: In dem Moment, wo dieser die Schuld auf den anderen Jungen abgewälzt habe, habe er die Kontrolle über die Situation abgegeben und sich abhängig von dem Jungen gemacht. Hätte er zumindest einen Teil der Schuld übernommen, dann hätte er vor den Lehrern besser argumentieren können.

Zugegebenermaßen ist Verantwortung für viele Personen etwas, das mit einem mulmigen Gefühl einhergeht. Viele Personen sträuben sich davor, Kontrolle und Verantwortung über eine Situation zu tragen. Denn daraus resultieren Pflichten und die volle Strafbarkeit bei Fehlern. Das Gute ist, dass du bei von dir allein steuerbaren Wunsch-Zielen nur dir gegenüber Rechenschaft ablegen musst.

Als nächstes gibt es die **von dir beeinflussbaren Ziele**: Diese sind Ziele, auf deren Erfolg du Einfluss nimmst, aber den du nicht komplett selbstständig steuerst. Sei an dieser Stelle aufmerksam, denn diese Ziele machen einen großen Bestandteil deines Lebens aus:

> ➤ Familienentscheidungen sind Ziele, die von dir beeinflussbar, aber nicht von dir allein steuerbar sind.
> ➤ Die Suche nach einem Ehepartner ist ein Ziel, das in hohem Maße von einer anderen Person abhängt.

> Ziele bei Mannschaftssport oder Hobbys mit anderen Personen werden idealerweise im Einvernehmen aller Betroffenen getroffen.
> Bei der Gründung eines Unternehmens mit einer anderen Person zusammen und der Führung des Unternehmens stehen lauter Ziele bevor, die nicht durch dich allein bestimmt werden.

Vor allem Familienziele und die Suche nach einem festen Partner erfordern in der Zielformulierung und -umsetzung viel Rücksicht auf andere. So finden selbst die charismatischsten und redegewandtesten Personen nicht zwingend einen Partner fürs Leben auf die Schnelle oder im Rahmen des angestrebten Zeitplans. Solche Ziele, die von dir beeinflussbar, jedoch nicht komplett entscheidbar sind, sollten nur dann auf deine Ziele-Agenda, wenn sie dir a) besonders wichtig sind und zugleich b) mit anderen Zielen komplementär sind.

Beispiel

Deine Ziele sind „Verreisen" und „Freunde finden". Ersteres ist von dir allein steuerbar, Zweiteres ist lediglich von dir „beeinflussbar". Am besten ist deswegen, wenn du das zweite Ziel nicht verbindlich planst, sondern nebenbei in deinen Alltag oder deine Unternehmungen integrierst. Glücklicherweise sind „Verreisen" und „Freunde finden" mögliche komplementäre Ziele: Beispielsweise kannst du beim Reisen unterwegs versuchen, Menschen kennenzulernen. Dies wäre eine Möglichkeit, einem nur beeinflussbaren Ziel, dem Freunde finden, ohne großen Aufwand nachzugehen.

Zuletzt die **Betrifft-mich-Ziele**: Diese Art von Zielen ist irrelevant, weil sie außerhalb deiner Entscheidungsgewalt liegen. Sie sind nicht oder nur bedingt von dir beeinflussbar.

Die Arbeit an diesen Zielen gliche einem enormen Aufwand, der sich nicht rentiert.

Fazit: Es geht um dein Leben und dessen Gestaltung. Verschaffe dir die größtmögliche Kontrolle über dein Leben, indem du Ziele wählst, die voll in deinem Kontrollbereich sind. Bei den seltenen Zielen, bei denen du dich mit anderen Personen (z. B. mit deiner Familie, deinen Freunden) absprechen musst, ist Wert darauf zu legen, dass ihr alle untereinander klar und detailliert kommuniziert, wie das Ziel angegangen werden soll. So bist du dir sicher, dass die Personen mitziehen. Hier zeigen sich einmal mehr die Systemeigenschaften. Vor allem bei nicht vollends von dir steuerbaren Zielen können viele unvorhergesehen Wechselwirkungen beim Verfolgen von Zielen auftreten.

Aufgabe 2

Schaue dir deine Liste mit den Wunsch-Zielen an. Überprüfe und notiere auf einem Blatt Papier, welche der Wunsch-Ziele von dir allein steuerbar sind. Diese Ziele kennzeichnest du deutlich, weil sie zu bevorzugen sind. Danach notierst du die Ziele, die von dir nur beeinflussbar sind. Hinterfrage dich, ob es sich wirklich lohnt, diese Ziele, bei denen dein Erfolg von anderen Menschen abhängt, fest zu planen. Wenn es wichtige familiäre Ziele sind, dann schreibst du einige dieser Ziele natürlich auf. Schließlich ist es für ein glückliches Familienleben erforderlich, im Zusammenleben Kompromisse einzugehen. Versuche trotzdem, den Großteil deiner Wunsch-Ziele so zu planen und zu wählen, dass sie von dir allein steuerbar sind – volle Verantwortung, aber volle Unabhängigkeit und Kontrolle!

Methode 4 zum Filtern: Fokussiere deine Stärken

Das Fokussieren deiner Stärken wird dir nicht nur beim Filtern helfen, sondern vielleicht noch ein paar neue zusätzliche Ziele auf deine Liste bringen. Eventuell änderst du bei dieser Filtermethode sogar deine bisherige Grundeinstellung. Denn viele Menschen, die keinen Erfolg haben oder sehnsüchtig nach Erfolg suchen, zeichnet das Problem aus, dass sie sich auf ihre Schwächen fokussieren oder sich von den Schwächen blenden lassen. Wenn du deine Denkweise änderst und in einem optimistischen Blickwinkel deine Stärken fokussierst, wirst du womöglich besser vorankommen. Diverse geflügelte Sprüche von erfolgreichen Menschen gehen argumentativ in diese Richtung:

- *„Wer mit seinen Stärken arbeitet, wird stärker."* – Ingo Krawiec
- *„Erfolg besteht darin, dass man genau die Fähigkeiten hat, die im Moment gefragt sind."* – Henry Ford
- *„Man soll den Wert eines Menschen nicht nach den großen Eigenschaften betrachten, die er hat, sondern nach dem Gebrauch, den er von Ihnen macht."* – La Rochefoucuald
- *„Denke lieber an das, was du hast, als an das, was dir fehlt."* – Marus Aurelius

Es zählt im Leben also der Fokus auf die eigenen Stärken. Wieso solltest du dich von deinen Schwächen aufhalten lassen und irgendetwas machen, was dir nicht liegt? Vielleicht, weil andere dich dazu anstiften. Aber nein, damit ist Schluss! Du übernimmst schließlich jetzt die Verantwortung für all deine Taten. Du entscheidest dich dafür, was du tun willst. Deine Stärken sollten dabei in den Vordergrund rücken. Fördere sie und – du erinnerst dich an das letzte Kapitel – probiere regelmäßig Dinge aus, die du früher nicht konntest. Denn vielleicht hast du in der Zwischenzeit neue Fähigkeiten gewonnen, ohne es zu wissen.

Natürlich darfst du, falls dir eine Sache besonders gefällt, aber du sie nicht beherrschst, neue Fähigkeiten entwickeln und lernen. Den Großteil deiner Ziele machen im Idealfall aber die Ziele aus, die mit deinen Stärken kompatibel sind. So kommst du am besten voran.

Aufgabe 3

Was war dein bisheriges Mindset? Hast du dich selbst unterbewertet und dir im Wege gestanden, weil du zu stark an deine Schwächen gedacht hast? Falls ja, dann drehe den Spieß nun um: Denke daran, worin deine Stärken bestehen **und** was du gern machen möchtest. Jedes Ziel, das diese beiden Kriterien erfüllt, markierst du in deiner Wunsch-Liste mit Zielen.

Abschlussaufgabe

Du kennst jetzt verschiedene Methoden des Filterns. Wende zum Abschluss alle Methoden an; unabhängig davon, ob du die drei Aufgaben in diesem Kapitel bereits durchgeführt hast oder nicht. Sobald du alle vier Methoden durchgeführt hast, kannst du eine Gesamtauswertung vornehmen und dich auf die Wunsch-Ziele festlegen, die dir zum jetzigen Zeitpunkt am besten erscheinen und in deinen Zeitrahmen passen. Beachte dabei, dass du nicht zu eng kalkulierst und deine Verpflichtungen berücksichtigst. Apropos Verpflichtungen: Jetzt ist der Zeitpunkt gekommen, an dem du Modifikationen bei der Planung deiner Verpflichtungen besser vornehmen kannst, um dir mehr Raum zu verschaffen.

> Den Schlaf um ein bis zwei Stunden zu kürzen, um mehr Zeit für die Wunsch-Ziele zu gewinnen, ist jetzt eine mögliche Maßnahme. Denn nun hast du den Überblick über deine Wunsch-Ziele und Verpflichtungen – also dein komplettes Zielprogramm – mit dem zugehörigen Zeitaufwand. Durch diesen Überblick kannst du die Verpflichtungen und Wunsch-Ziele noch besser und genauer in Einklang miteinander bringen. Alle Wunsch-Ziele, die aufgrund der Verpflichtungen nicht in deinen Zeitplan passen, legst du erstmal ad acta. Du kannst sie im Rahmen der langfristigen Planung im nächsten Schritt für später einplanen.

Anleitung zur Durchführung der Aufgabe

Theo hat aktuell folgende Verpflichtungen:

- ➢ Schlafen: bisher rund acht Stunden täglich (am Wochenende ein bisschen mehr)
- ➢ Hygiene: ungefähr eine halbe Stunde täglich
- ➢ Vollzeitjob: 5 x 9 Stunden täglich unter der Woche (davon je eine Stunde täglich für Hin- und Rückweg)
- ➢ sich um seine Kinder kümmern: knapp zwei Stunden täglich, um die Kinder zur Schule zu bringen und wieder abzuholen, sowie Spielen und Vorlesen am Abend
- ➢ Essen zubereiten und verspeisen: manchmal übernimmt es die Frau, manchmal Theo; insgesamt fallen schätzungsweise anderthalb Stunden täglich hierfür an

Es verbleiben unter der Woche 3 Stunden täglich für die Verfolgung von Wunsch-Zielen, weil bereits 21 Stunden für die Verpflichtungen einzukalkulieren sind. An Wochenendtagen verbleiben – abzüglich der 9 Stunden Arbeit und zuzüglich von knapp zwei zusätzlichen Stunden Schlaf – jeweils ca. 10

Stunden. Somit hat Theo Montag bis Freitag täglich drei Stunden zur Verfügung und am Samstag sowie Sonntag je 10 Stunden.

Zusätzlich hat er, als musikaffiner Mensch, folgende Wunsch-Ziele mit einem geschätzten Zeitaufwand:

- mit der Ehefrau Tanzen lernen; jeden Dienstag und Donnerstag je 2 Stunden (+ 0,5 Stunden insgesamt für Hin- und Rückweg)
- Klavierspielen lernen; jeden Montag und Freitag je 1 Stunde (+ 1 Stunde insgesamt für Hin- und Rückweg)
- mehr Zeit mit Freunden verbringen, weil der Großteil der Zeit für die Familie aufgebracht wird; an zwei Sonntagabenden im Monat je 5 Stunden mit den Freunden etwas unternehmen
- mehr Zeit für Entspannung finden und das Wohlbefinden fördern (z. B. durch Massagen, Wellness); jedes Wochenende für 3 Stunden und einmal unter der Woche für 1 Stunde ein Wellness-Programm buchen (+ 1 Stunde insgesamt für Hin- und Rückweg)
- um die Welt reisen (nur während des Urlaubs möglich)

Man liest schon aus den Zielen heraus, dass es Theo und seiner Familie nicht an Geld mangelt. Denn wer zweimal wöchentlich Wellness-Programme bucht, um die Welt reist und professionell Tanzen sowie Klavierspielen lernen möchte, muss einiges an Geld zur Verfügung haben. Tatsächlich sind Theo und seine Frau Top-Verdiener.

Dennoch ist die Zielplanung nicht vorteilhaft, denn insbesondere unter der Woche bleibt kaum noch Zeit für etwas anderes als die eingeplanten Aktivitäten. Zwar sprengen die Wunsch-Ziele nicht den Rahmen der zeitlichen Verfügbarkeit, aber Theo weiß, dass ein eng getakteter Plan mit Nachteilen verbunden ist. Selbst, wenn die Termine teilweise

Hobbys beinhalten, sollte in einem nachhaltigen Plan reichlich freie, unverplante Zeit gegeben sein. Theo stellt nach Rücksprache mit seiner Frau fest, dass Tanzen lernen nicht zur Debatte steht. Denn irgendjemand muss für die Kinder sorgen, sodass sie beide nicht zur gleichen Zeit fort sein können. Also beschließen Theo und seine Frau, an den vier Urlauben, die sie pro Jahr gemeinsam haben, Intensivtanzkurse zu besuchen.

> So wird das „Tanzen" und „Verreisen" zu einem komplementären Ziel.
> Unter der Bedingung, dass Theo täglich eine Stunde früher aufsteht und sich morgens intensiver um die Kinder kümmert, erklärt sich seine Frau einverstanden damit, dass er an zwei Abenden in der Woche Klavierspielen lernt.
> Am Wochenende mehr Zeit mit seinen Freunden zu verbringen **und** Wellness-Programme zu buchen, ist für die Familie von Theo nicht in Ordnung. Vieles der gemeinsamen Zeit würde verloren gehen und die Frau müsste sich fast das komplette Wochenende über um die Kinder kümmern. Deswegen beschließen alle im Einvernehmen, dass Theo sich für eine Sache entscheidet. Er legt sich darauf fest, sich häufiger mit seinen Freunden zu treffen. Ab und zu geht er mit den Freunden zum Wellness, was die Ziele „mehr Treffen mit Freunden" und „mehr Wellness" komplementär macht.
> Auch unter der Woche eine Stunde Wellness zu machen, ist nach Rücksprache mit der Frau nicht drin. Dafür beschließen beide, sich hin und wieder am Abend gegenseitig zu massieren oder sich ein wohltuendes Bad einzulassen. So kommen sie sich körperlich näher, was zuletzt in ihrer Ehe oftmals fehlte.

Wir merken, dass Theo aufgrund seiner Familie sehr viele Ziele hat, die er nicht allein steuern kann. Stattdessen muss er fast alles mit seiner Familie besprechen. Dennoch lassen sich Kompromisse schließen, bei denen die Frau von Theo reichlich Freiräume hat und auch mal das machen kann, was ihr zusagt. Unterm Strich hat Theo einige Ziele komplementär gemacht oder sie in seine sonstigen alltäglichen Verpflichtungen eingebunden. Es erscheint, als hätte sich am Tagesablauf wenig geändert, weil ein großer Teil der Wunsch-Ziele auf die Urlaubszeit abgewälzt wurde. Aber seine Freunde häufiger zu treffen und die musikalische Ader auszuleben – diese für ihn wichtigen Ziele hat Theo erreicht. Innerhalb von Familien muss man eben hin und wieder kleinere Brötchen backen.

4. Schritt | Langfristige Planung durchführen

Wenn du deine Ziele kurz-, mittel- und langfristig setzt und konsequent verfolgst, folgt dein ganzes Leben einem Plan. Durch das Filtern im letzten Kapitel hast du dich dafür entschieden, welche Ziele du zuerst angehen möchtest. Dadurch hast du eine Reihenfolge gewählt, mit der du dich den einzelnen Zielen widmest. Die langfristige Planung eröffnet dir die Möglichkeit, auch die Wunsch-Ziele in den Planungen zu berücksichtigen, für die du aktuell keine Zeit hast. Denn die Planung ist langfristig und kennt keine einengenden Zeithorizonte.

Beispielsweise hast du erkannt, dass du am schnellsten an deinem Vollzeit-Job etwas änderst, wenn du schon jetzt die Weichen zu stellen beginnst. Weil der Vollzeit-Job einen beträchtlichen Teil deines Lebens ausmacht, ist es sinnvoll, hier mit der Planung anzufangen: Welche Ziele helfen mir, meinen Vollzeit-Job zu verbessern (z. B. Fortbildung zwecks Gehaltserhöhung und mehr Perspektiven) oder einen neuen und in meinem Augen besseren Vollzeit-Job zu erhalten (z. B. Studium, andere Ausbildung, Aufbau einer Selbstständigkeit)?

Neben dem Vollzeit-Job hilft dir eine langfristige Planung auch im privaten Bereich. So kannst du zusammen mit deinem Ehepartner planen, wann und unter welchen Bedingungen ihr ein Kind bekommen möchtet. Beispiel: Zuerst

Ersparnisse steigern, bessere Lebensbedingungen schaffen und dann den Nachwuchs planen.

Obwohl dieser vierte Schritt unter dem Verweis auf eine „langfristige Planung" genannt wird, umfasst er auch die kurzfristige Planung. Denn eine langfristige Planung schließt eine kurzfristige definitiv mit ein – zumindest, wenn du es richtig genau machen und mit höherer Wahrscheinlichkeit erfolgreich sein möchtest. Langfristige Ziele bedürfen einer Einteilung in Zwischenetappen. Diese Zwischenetappen werden nochmals in kleinere Etappen unterteilt und dann finden weitere Unterteilungen statt. Ohne Zwischenetappen ist die Gefahr, dass du umherirrst, groß.

Wenn man es pikant, aber auch konsequent und richtig formulieren möchte, dann kommt man zu der Erkenntnis: Es gibt im Grunde genommen keine separate kurzfristige Planung. Sie existiert zwar, ist jedoch Teil einer übergeordneten langfristigen Planung. Demnach erreichen die Personen am ehesten ihre Ziele, die sich überlegen, wie sie die kurzfristige Planung in Verbindung mit langfristigen Zielen vornehmen können. Dadurch erhalten selbst die kleinsten kurzfristigen Ziele einen übergeordneten größeren Sinn. Folglich ist die Motivation am höchsten, die Ziele zu erreichen.

Mit alledem, was du in den bisherigen Kapiteln dieses Buches zusammengetragen hast – all deine Verpflichtungen und Wunsch-Ziele, deine Pflichten und Träume –, wirst du nun eine langfristige Planung erstellen, in der ein Rädchen ins andere greift und die kleinsten Ziele zu langfristigen Puzzle-Teilen werden. Sie werden zu Puzzle-Teilen eines faszinierenden und beeindruckenden Projekts, das jeder Mensch zu meistern hat: des Lebens.

Rangordnung von Zielen

Die Grundlage, die dir hilft, Ordnung und Übersicht in deine Planungen zu bringen, ist die Einteilung der Ziele nach deren Rangordnung. Denn genau hier kommt das zum Tragen, was bereits viele Autoren in Büchern und auf Websites, zahlreiche Coaches sowie Psychologen nahelegen: die Einteilung der Ziele in Etappen. In der BWL wird bei größeren Zielen regulär von mindestens vier Etappen Gebrauch gemacht:

- Das **Oberziel** ist das, was du am Ende erreichen möchtest.
- Das **Zwischenziel** ist dem Oberziel untergeordnet.
- Dem Zwischenziel ist das **Unterziel** untergeordnet.
- Am unteren Punkt der Kette steht das **Etappenziel**, das als kurzfristig formuliertes Ziel sofort in Angriff genommen wird.

In Etappen eingeteilte Ziele halten dein Durchhaltevermögen und deine Motivation höher. Stelle dir vor, du würdest 20 Kilogramm abnehmen wollen. Eine solche Diät braucht ihre Zeit; vor allem dann, wenn sie unter gesundheitlichem Blickpunkt unbedenklich sein soll.

Gehen wir von etwas denkbar Unpraktischem aus: Du hast keine Waage zuhause und wiegst dich die ganze Zeit über nicht. Die Folge ist, dass du im Ungewissen bist und nicht Bescheid weißt, wie es um dein Ziel steht. Dadurch kannst du dir keine Zwischenerfolge vor Augen führen. Dein Durchhaltvermögen und deine Motivation sinken angesichts der Strapazen der Diät, bei denen keine Gewissheit darüber besteht, ob sie sich auszahlen. Denn Wiegen tust du dich nicht.

Demgegenüber kannst du dir nun einen Menschen vorstellen, der sich jede Woche bei seiner Diät wiegt und die Kilos

Klare Ziele

purzeln sieht. Er hat die Gewissheit, dass die Diät wirkt und darf sich darüber freuen, seinem Ziel immer näher zu kommen.

Etappeneinteilungen und präzise Zusammenfassungen von Zwischenschritten auf dem Weg zu deinem Ziel bringen es auf den Punkt: deinen bisherigen Erfolg, deinen Fortschritt, dein Durchhaltevermögen. So bist du motivierter, gegen innere und äußere Widerstände anzukämpfen und dein Ziel trotzdem zu verfolgen. Klingt das nicht reizvoll?

Daher wird eine Rangordnung für jedes größere Ziel aufgestellt. Diese Rangordnung besagt, welche einzelnen Schritte du gehen musst, um das Ziel zu erreichen. Hier mal ein Beispiel einer Rangordnung für das Ziel, mit dem Rauchen aufzuhören. Es wird davon ausgegangen, dass es ein mittelfristiges oder sogar kurzfristiges Ziel (siehe: „Zeitbezug von Zielen" aus dem 1. Schritt dieses Buches) ist, weil eine konsequente Raucherentwöhnung binnen weniger als fünf Jahren möglich ist.

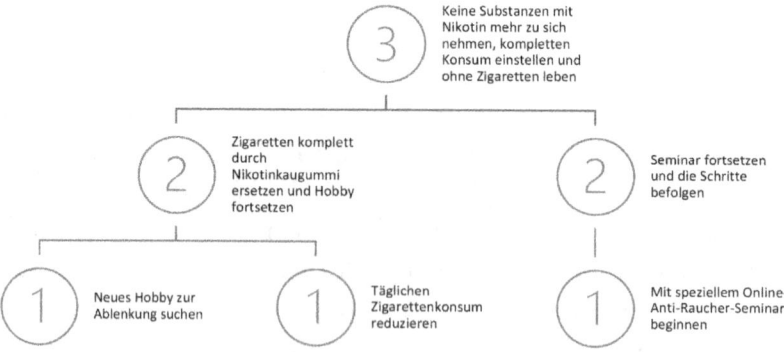

Die Zahlen 1 stehen für die ersten kurzfristigen Ziele, die formuliert werden: Du beginnst die Raucherentwöhnung, indem du weniger Zigaretten zu dir nimmst und ein Hobby zur Suchtverlagerung bzw. Ablenkung ausübst. Auf der zweiten Seite steht das professionelle Online-Seminar, das dir weiterführende Ratschläge zur Durchführung der Raucherentwöhnung gibt. Danach – es kann beispielsweise nach 2 Monaten sein – wird das Seminar gemäß der Vorgaben des Seminarleiters fortgesetzt. Währenddessen werden die Zigaretten komplett durch Nikotinkaugummi ersetzt, um die Entwöhnung zu verbessern. Nach z. B. 8 Monaten können die Zigaretten komplett abgesetzt werden. Fürs Erste ist die Entwöhnung dann gelungen.

So funktioniert eine Rangordnung: Was muss wie lange zuerst gemacht werden? Was kommt als nächster Schritt und wie lange nimmt dieser Schritt wiederum in Anspruch? Dieses schrittweise Vorgehen bis zum Ziel ist unerlässlich, um alle notwendigen Schritte durchzuführen, nichts Wichtiges außer Acht zu lassen und am Ende erfolgreich dazustehen.

Beispiel: Nina legt eine Rangordnung fest

Beziehen wir die Rangordnung der Ziele nun auf ein Beispiel. Das Beispiel wird sich durch große Teile dieses Kapitels ziehen, um dir angemessen vorzuführen, wie du deine Liste mit Zielen zur vollendeten langfristigen Planung bringst. Nina hat zehn Ziele für sich festgelegt. Sie hat die Ziele nicht zwingend präzise formuliert, aber eine ausreichend konkrete Vorstellung von den Zielen:

- ➢ 20 Kilogramm abnehmen
- ➢ mit dem Rauchen aufhören
- ➢ mehr Geld verdienen
- ➢ sich mehr Zeit für die Familie (Eltern und ihre zwei Brüder) nehmen
- ➢ mehr Allgemeinwissen gewinnen

- öfter verreisen
- häufiger etwas Neues ausprobieren
- daheim Ordnung schaffen
- festen Freund finden
- mehr Sport machen

Nina hat bisher gemerkt, dass sich das Aufhören mit dem Rauchen und die Diät nicht vertragen. Es sind gewissermaßen konfliktäre Ziele. Denn stell dir mal vor, wie schwierig es ist, mit zwei Lastern gleichzeitig aufzuhören: Sowohl das Rauchen als auch das Naschen sofort und gleichzeitig aufzugeben, ist eine starke Zumutung für den eigenen Willen. Nina hat sich deswegen erstmal auf die Diät festgelegt, die ihr wichtiger ist.

Weiter mit den anderen Zielen: Die Wünsche nach mehr Allgemeinwissen und mehr Geld kann Nina durch ein Fernstudium gleichzeitig verfolgen, weswegen sie sie zu komplementären Zielen macht.

Ihre Diät fördert Nina außerdem durch Sport.

Wer weiß – vielleicht findet sie beim Sport den festen Freund, nach dem sie sich sehnt? Also beschließt Nina, die Priorität nicht auf das Ziel, einen festen Freund zu finden, zu legen.

Für ihre Familie nimmt sie sich mehr Zeit, indem sie mit Eltern und Brüdern kleinere Tagesausflüge unternimmt. Hierfür nutzt sie zwei Wochenendtage im Monat und die Feiertage im Jahr. An diesen insgesamt wenigen Tagen pausiert sie mit dem Fernstudium, um sich genug Erholung zu gönnen.

So hat sie die Ziele festgelegt und definiert, welche Ziele sie zuerst angeht und welche sie fürs Erste aufschiebt. Sie überlegt sich zusätzlich die folgende Rangordnung an Zielen:

Oberziel	Zwischenziel	Unterziel	Etappenziel
20 kg abnehmen und mehr Sport machen	Bis zum Ende des sechsten Monats 10 kg abgenommen haben	Ab der zehnten Woche im Fitnessstudio anmelden und ein halbes Kilogramm pro Woche abnehmen	Jede Woche ein halbes Kilogramm abnehmen; zunächst durch eine Ernährungsumstellung
Höherer Verdienst und mehr Allgemeinwissen	Fernstudium komplett abschließen und um neuen Job bewerben	Erstes Semester plangemäß innerhalb von sechs Monaten abschließen	Mit Fernstudium beginnen, um Qualifikationen für einen besser bezahlten Job zu erlangen, und jeden Abend zwei Stunden Zeit zum Lernen nehmen
Mehr Zeit für Familie nehmen, häufiger verreisen und Neues ausprobieren	Nach sechs Monaten erstmals einen mehrtägigen Ausflug oder Urlaub mit der Familie unternehmen und den Urlaub reich an Erlebnissen und Aktivitäten gestalten	Konkrete Planungen für zwei Wochenendtage durchführen -> Devise ist, möglichst außerhalb der gewohnten Umgebung und mit neuen Aktivitäten gemeinsam die Zeit zu verbringen	Jeden Monat zwei freie Wochenendtage mit Familienmitgliedern besprechen
Daheim Ordnung schaffen	Nach sechs Monaten ggfs. an ein bis zwei freien Tagen groß ausmisten	Jeden Tag – eine Stunde nach der Rückkehr von der Arbeit – für eine halbe Stunde lang Haushaltsarbeiten machen; an Wochenendtagen je eine Stunde	Sich angewöhnen, immer nach der Rückkehr die Kleidung aufzuhängen, nach dem Essen sofort den Abwasch zu machen und anderweitig die entstandene Unordnung sofort wieder zu beseitigen

Festen Freund finden	Sollte sich zwei Jahre lang kein Erfolg einstellen, dann Planung ggfs. überdenken und Ratschläge einholen	Falls das Etappenziel nichts gebracht hat, klassische Anlaufstellen für Singles ausprobieren (z. B. Speed-Dating, spezielle Veranstaltungen, Bars)	Zunächst all die anderen Sachen machen; denn bereits durch Fitnessstudio, Fernstudium und Verreisen kann man Personen kennenlernen
Mit dem Rauchen aufhören	Nach den drei Monaten geringer dosierte Nikotinprodukte verwenden und langsam absetzen	In den ersten drei Monaten der Entwöhnung Nikotinkaugummis, -pflaster oder andere spezielle Produkte verwenden und Menge der gerauchten Zigaretten reduzieren	Falls es die Gesundheit erlaubt, dann erst zwei Jahre nach der gelungenen Diät mit der Raucherentwöhnung beginnen, damit keine „Suchtverlagerung" stattfindet

Was macht Nina bei ihrer Rangordnung?

Zum einen legt sie komplementäre Ziele (20 kg abnehmen und Sport machen) fest. Zum anderen macht sie Ziele komplementär, indem sie ihre Planung speziell ausrichtet: Beispielsweise sind ein höherer Verdienst und mehr Allgemeinwissen nicht zwingend komplementäre Ziele. Dadurch jedoch, dass sie ein Fernstudium macht, macht sie die Ziele komplementär. Denn das Studium verschafft ihr durch die Vielzahl an interdisziplinären Modulen und Einblicken in andere Fachbereiche das gewünschte Allgemeinwissen, während der Bachelor-Abschluss ihr einen Beruf mit höherem Verdienst ermöglicht.

Neben der geschickten Wahl komplementärer Ziele (sie kombiniert insgesamt sieben Ziele in drei Zielen) schiebt sie andere Ziele auf. Dies zeigt sich bei dem Finden des festen Freundes und der Raucherentwöhnung. Bei der Raucherentwöhnung stellt sie einen konfliktären Charakter mit dem Abnehmen fest. An sich muss sich beides nicht ausschließen, aber würde Nina beides gleichzeitig machen, dann müsste sie von einem Tag auf den anderen diverse Einschnitte verkraften – so zumindest legt sie es argumentativ für sich aus. Der Vorteil dieser Planung ist, dass sie zwei weitere Jahre das Rauchen „genießen" kann und sich bei ihrer Zielsetzung weniger unter Druck setzt. Bei dem Ziel, einen Freund zu finden, sieht sie zunächst von einer eindeutigen Planung ab. Denn sie erkennt die Spontaneität hinter diesem Ziel: Wann man mit einem Mann zusammenkommt, lässt sich zum Teil nur schwer oder gar nicht steuern. Die wahre Liebe, die Nina nun mal sucht, lässt sich nicht erzwingen. Also erkennt sie, dass sie vielleicht schon bei der Ausübung der neuen sportlichen Aktivitäten, dem Treffen mit der Familie oder beim Verreisen auf ihren künftigen festen Freund trifft. Für den Fall, dass dem nicht so ist, hat sie ein paar „Notfallpläne" im Zwischenziel und Unterziel formuliert.

Das Ziel, Ordnung im Haushalt zu schaffen und diese Ordnung zu halten, handelt Nina mit kleinen Zeitfenstern ab. Wenn man es nüchtern betrachtet, ist genau das die richtige Wahl. Denn wer konstant Ordnung hält und die Sachen sofort an die richtige Stelle räumt, Geschirr abwäscht oder mal den Staubsauger anschmeißt, wird für gewöhnlich nicht viel mehr als 30 Minuten täglich für Ordnung sorgen müssen.

Insgesamt arbeitet Nina durch die Kombination mehrerer komplementärer oder potenziell komplementärer Ziele und das Aufschieben zweier Ziele nur an acht Wunsch-Zielen gleichzeitig. Da sie fast alle Ziele in irgendeiner Form mit mindestens einem anderen Ziel kombiniert, fühlt es sich an, als würde Nina nur an vier Zielen gleichzeitig arbeiten. Zeitgleich geht sie Verpflichtungen wie ihrem Job nach. Parallel integriert sie durch die Familie und den Sport soziale Kontakte in ihr Leben. Durch die größtenteils freie Verfügbarkeit am Wochenende schafft sie reichlich Entspannung und Raum für Spontaneität. Die Zeitfenster, die für bestimmte Verpflichtungen (Schlafen, Essen, Hygiene) verbleiben, fügen sich gut in den Zeitplan ein und lassen keinesfalls Stress aufkommen.

Was du aus dem Beispiel für deine Planungen lernst .

Du lernst aus dem Beispiel von Nina in erster Linie, dass das Verfolgen komplementärer Ziele enorme Vorteile bietet. Dir gelingt es dadurch, mehrere Ziele auf einmal zu verfolgen und die Zeit effizienter zu nutzen. Dabei müssen Ziele nicht immer von sich aus komplementär sein. Du kannst sie komplementär machen, indem du Handlungen zur Zielerreichung aussuchst, von denen beide Ziele profitieren. So hat es Nina bei der Zielkombination „höherer Verdienst & mehr Allgemeinwissen" gemacht.

Ferner solltest du nicht bestrebt sein, möglichst schnell alle Ziele abzuhandeln. Wenn du keinen zeitlichen Druck verspürst und gewisse Freiheiten in der Priorisierung und Erledigung deiner Ziele hast, dann nimm dir reichlich Zeit! Nina beispielsweise hat sich in ihren Zwischen- und Unterzielen die Möglichkeit einbehalten, nochmal nachzujustieren: Sollte sie nach sechs Monaten nicht die 10 Kilogramm abgenommen haben, nimmt sie in ihrer Planung ein paar Änderungen vor. Das kannst du aus der Tabelle oben herauslesen.

Letzter Tipp: Gehe nicht davon aus, dass alles optimal läuft. Dass Hindernisse und Probleme auftreten werden, ist absolut normal und sehr wahrscheinlich. Nina hat das begriffen.

Wenn du nachrechnest, stellst du fest, dass sie bei einem halben Kilogramm Gewichtsverlust pro Woche bei ihrer Diät keineswegs ein halbes Jahr zum Verlust von 10 Kilogramm bräuchte. Sie hat sich fast einen ganzen Monat als Zeitpuffer gelassen, um bei Problemen – vor allem am Anfang können welche auftreten – nicht das Erreichen des Zwischenziels zu gefährden. Dieser Puffer hat außerdem den Vorteil, dass sie bei einem planmäßigen Verlauf mehr abnimmt, als im Zwischenziel formuliert. So kann es zu einem positiven Überraschungseffekt kommen und Nina ist auf dem Weg zu ihrem Ziel höchstwahrscheinlich motivierter, auch die zweite Hälfte des Weges zu beschreiten und die weiteren 10 Kilogramm abzunehmen.

Aufgabe 1

Nimm deine Listen mit Verpflichtungen und Wunsch-Zielen aus den letzten Kapiteln. Lege eine Rangordnung für jedes Ziel fest: Wie fein unterteilst du jedes Ziel, damit du dessen Etappen möglichst einfach abarbeitest und motiviert bleibst? Erstelle auch eine Rangordnung für die Wunsch-Ziele, die du aufgeschoben hast und erstmal nicht auf deine Agenda schreibst. Denn später kommst du irgendwann auf deine Wunsch-Ziele zurück. Dann ist es praktisch, direkt die passende Rangordnung zu haben.

Zeitbezug von Zielen

Die Einteilung von Zielen nach deren Zeitbezug ist dir schon aus dem 1. Schritt des Buches geläufig. Es war relevant, diesen Aspekt schon früher vorzustellen. Lies gern in dem Abschnitt nochmal nach, weil die Inhalte sehr wichtig für die langfristige Planung sind. Fahre dann an dieser Stelle mit deinen Listen und dem folgenden Beispiel fort.

Beispiel: Nina legt einen Zeitbezug fest

Eine Einteilung der Ziele nach Zeitbezug, wie in dem folgenden Beispiel, kann natürlich **vor** der Festlegung der Rangordnung Sinn machen. Allerdings wurde in diesem Ratgeber die Vorgehensweise gewählt, dass zunächst die Rangordnung gebildet wird. Der Grund hierfür ist, dass die Rangordnung zu einer minutiösen und ganz penibel durchgeführten Unterteilung der Oberziele führt. So kann die Dauer bis zum Erreichen der Ziele besser eingeschätzt werden.

Schauen wir uns nun am Beispiel von Nina an, wie sie ihre Ziele nach Zeitbezug unterteilt und wie ihr dabei die vorige Bildung einer Rangordnung geholfen hat. Sie hat nach wie vor ihre zehn Oberziele, von denen sie die komplementären Ziele zusammenfasst und für die sie sich folgende Zeithorizonte errechnet:

Oberziel	Geplante Dauer	Weitere Anmerkungen	Zeitbezug
20 Kilogramm abnehmen und mehr Sport machen	1 Jahr und 2 Monate	Plus weitere vier Monate zur Verhinderung des Jojo-Effekts	mittelfristig
Höherer Verdienst und mehr Allgemeinwissen	3 Jahre (Dauer des Studiums)	Nach 3 Jahren wahrscheinlich noch bis zu 2 Jahre, um einen besser bezahlten Job zu erhalten	mittel- bis langfristig
Mehr Zeit für die Familie nehmen, öfter verreisen und häufiger etwas Neues ausprobieren	1 Monat zur Organisation	Im ersten Monat organisieren und danach Monat für Monat regelmäßige Unternehmungen beibehalten	kurzfristig

Mit dem Rauchen aufhören	1 Jahr, bis keine Zigarette mehr geraucht wird; danach durch neue positive Gewohnheiten einen Rückfall verhindern	Erst zwei Jahre nach Gewichtsreduzierung beginnen	mittel- bis langfristig
Daheim Ordnung schaffen	Spätestens nach 8 Monaten (um komplett ausgemistet zu haben)	Sofort anfangen und täglich etwas mehr Ordnung schaffen	kurzfristig
Festen Freund finden	Bei einer natürlichen Herangehensweise sollte sich innerhalb von 2 Jahren etwas ergeben	Nicht genau planbar; erst nach der Deadline von 2 Jahren Bemühungen intensivieren	mittelfristig

Was macht Nina beim Zeitbezug ihrer Ziele?

Nachdem sie die Rangordnung gebildet hat, schreibt sie sich auf, wie viel Zeit ihre Ziele in Anspruch nehmen. Wenn sie in der rechten Spalte „kurzfristig" liest, weiß sie, dass sie die jeweilige Aufgabe täglich oder monatlich genauer zu überprüfen hat. Streng genommen ist dieses Beispiel unvollständig: Eine gute Einteilung nach Zeitbezug würde so aussehen, dass Nina alle kurzfristigen, mittelfristigen und langfristigen Ziele in drei separaten Tabellen aufführt. Mit diesen drei Tabellen wäre es möglich, dass sie in verschiedenen Zeitfenstern den Zwischenstand kontrolliert:

> ➤ In die Tabelle mit den kurzfristigen Zielen würde Nina beispielsweise jeden Tag oder jede Woche schauen.
> ➤ Die Tabelle mit den mittelfristigen Zielen könnte sie sich z. B. jeden Monat ansehen.
> ➤ Zuletzt würde Nina in die Tabelle mit den langfristigen Zielen einmal pro Jahr schauen.

Durch die drei Tabellen mit der Einteilung nach Zeitbezug hätte Nina eine strikte Trennung der verschiedenen Zeitbezüge. Sie würde sich nicht von mittelfristigen Zielen verrückt machen lassen, sondern sich regelmäßig über die Fortschritte bei ihren kurzfristigen Zielen freuen. Die mittel- und langfristigen Ziele wiederum würde sie sich in regelmäßigen, aber weiter auseinanderliegenden Zeitabständen ansehen, um die Zwischenstände zu monitoren und bei drohenden Verfehlungen der Ziele rechtzeitig die kurzfristigen Ziele zu verschärfen.

Wenn Nina all das zusätzlich noch mit einer Visualisierung kombiniert, hat sie den ultimativen Motivations-Booster. Stellt man sich vor, dass sie die kurzfristigen Ziele Tag für Tag oder Woche für Woche abhakt, in einem Diagramm einzeichnet und so sieht, wie sie dem langfristigen Ziel durch ein paar kleine Maßnahmen wieder um ein paar Prozent nähergekommen ist, dann begreift man, dass die Unterteilung der Ziele nach Zeitbezug in Kombination mit einer klaren Rangordnung optimal ist, um motiviert zu bleiben und mit kleinen Schritten den großen Zielen konsequent näherzukommen.

Was du aus dem Beispiel für deine Planungen lernst

Die Unterteilung der Ziele nach dem Zeitbezug verhilft dir dazu, in kleinen Schritten voranzugehen. Wenn du alle kurz-, mittel- und langfristigen Ziele in drei verschiedenen Katalogen (Bücher oder Hefte) aufführst, hast du eine klare Trennung. Du schaust dann jeden Tag oder jede Woche in die Liste mit den kurzfristigen Zielen. Wenn du sie plangemäß erreichst, kannst du sie nacheinander abhaken und siehst, wie schnell du vorankommst. Das ist ein psychologischer Trick: Wieso immer wieder auf den langen Weg zu den großen Zielen blicken? Wieso sich entmutigen lassen von den vielen Aufgaben, die noch bevorstehen? Durch das Abarbeiten der kurzfristigen und leichteren Ziele kommst du viel leichter und unbeschwerter voran.

Aufgabe 2

Plane auch du nach dem Zeitbezug von Zielen. Richte dir am besten – so wie beschrieben – drei Kataloge ein. Der erste Katalog betrifft die kurzfristigen Ziele, der zweite die mittelfristigen Ziele und der dritte die langfristigen Ziele. Erstelle die Kataloge und lege für dich fest, wie regelmäßig du in einen Katalog reinschauen möchtest. Naheliegend ist, in den Katalog mit kurzfristigen Zielen in kurzen Zeitabständen (z. B. jede Woche) zu schauen. Und dann? Tja, dann legst du am besten direkt mit dem Verfolgen deiner Ziele gemäß deiner Planung los! Wieso warten, wenn deine Träume zum Greifen nah sind?

Unterteilung nach Zielbedeutung

Die Zielbedeutungen haben einige Parallelen zum Zeitbezug. Hier erfolgt eine Unterteilung in strategische, taktische und operative Ziele. **Strategische Ziele** sind die langfristigen

Ziele, die **ziemlich allgemein formuliert** werden: Besserung der Einkommenssituation, erste Immobilie etc. Sie sind grundlegend für dein Gesamtleben. Je nachdem, welche Strategie du verfolgst – Karriere machen, Familienmensch, anderen Menschen helfen etc. –, legst du die strategischen Ziele fest und formulierst sie anhand der taktischen Ziele aus.

Taktische Ziele betreffen meist den mittelfristigen Zeithorizont. Sie **bringen auf den Punkt, welche Aktivitäten erforderlich sind, damit du die strategischen Ziele erreichst.** Einen guten Eindruck hiervon kannst du dir anhand der zuvor genannten Beispiele verschaffen. Wenn du als strategisches Ziel einen besseren Job mit höherem Gehalt hast, dient ein Studium oder eine Ausbildung als taktisches Ziel mit mittelfristigem Zeithorizont dem Erreichen dieses Ziels.

Zu guter Letzt gibt es die **operativen Ziele**, die sowohl kurz- als auch langfristiger Natur sind. Sie sind einerseits dazu da, um dein aktuelles Pflichtprogramm aus Arbeit und sonstigen Verpflichtungen durchzuführen. Darüber hinaus **detaillieren die operativen Ziele die mittelfristigen Ziele, was dir dabei hilft, die mittelfristigen Ziele zu erreichen und somit den langfristigen Zielen näherzukommen.** Um an das vorherige Beispiel anzuknüpfen: Um das Studium durchzuführen und später einen besseren Job zu finden, ist zeitnah eine Einschreibung an einer Hochschule und der Beginn mit dem Lernen notwendig.

> *Hinweis!*
>
> Welchen Zusammenhang haben eigentlich all die vorgestellten Unterteilungen von Zielen nach Zeithorizont, Zielbedeutung und Rangordnung? Der Zusammenhang all dieser Dinge besteht darin, dass sie eine adäquate Zielplanung überhaupt erst ermöglichen.

> Du hast strategische Ziele im Leben, die dich deinen Träumen näherbringen sollen? Diese Ziele sind langfristig. Es ist erforderlich, sie in taktische Ziele zu unterteilen und – damit du handeln kannst – sie zu operationalisieren. Sprich: Du legst operative kurz- und mittelfristige Ziele fest, um zielgerichtet zu handeln. Die Rangordnung der Ziele unterstützt dich dabei, eine Aufgabe nach der anderen abzuhaken, dich zu motivieren und dranzubleiben. Wenn du die Schritte durchführst und im Zeitplan bleibst, geht deine Taktik auf, sodass du die mittelfristigen Ziele erreichst und konsequent auf die langfristigen Zielen zusteuerst. Wenn du bei deiner langfristigen Planung all diese Dinge durchgehst und alle Ziele nach Zeithorizont, Zielbedeutung und Rangordnung unterteilst, fallen dir außerdem eventuelle Widersprüche auf. Du merkst auf diesem Wege, dass dir vielleicht doch einige wichtige Aspekte entgangen sind. Folgerichtig korrigierst du deine Zielsetzung.

Regelmäßig monitoren, auswerten und bei Bedarf ändern

Selbstverständlich brauchst du bei deinen Zielen einen Überblick. Denn seien wir mal ganz offen und ehrlich: Selbst bei der allergrößten Motivation kann es dazu kommen, dass du einzelne Ziele übersiehst. Damit es nicht dazu kommt und du plangemäß verfährst, gibt es im Wesentlichen drei Methoden fürs Monitoring:

- Handschriftlich auf einem Blatt Papier oder in einem Buch
- Nutzung spezialisierter Apps
- Nutzung umfassender Programme (z. B. Projektmanagement)

Klare Ziele

Die handschriftliche Erfassung deiner Ziele und deren Monitoring haben wir bis hierhin in dem Buch bei fast allen Aufgaben durchgeführt. Der Grund dafür, dass du bei nahezu jeder Aufgabe mit Zettel und Stift arbeitest, ist wissenschaftlich begründet: Es führt dazu, dass Menschen sich genauer überlegen, was sie schreiben. Sie selektieren besser und denken dementsprechend genauer über die Inhalte nach. Das – ganz nebenbei erwähnt – hilft dir dabei, dich jedes Mal intensiver damit auseinanderzusetzen, ob du die jeweiligen Ziele wirklich willst.

Neben der handschriftlichen Erfassung steht es dir frei, digitale Helfer zum Erfassen und Monitoren deiner Ziele zu nutzen. Ich empfehle, weil der Mensch täglich tendenziell viele digitale Anwendungen nutzt, eher die handschriftliche Variante. Eines ist dabei klar: Wenn du die Ziele alle ausformulierst und ganze Sätze schreibst, wird dir das viel Aufwand bereiten. Deswegen ist in den letzten Jahren ein Trend rund um das sogenannte *Bullet Journal* entstanden. Du findest unter der URL „https://bulletjournal.com/" alle erdenklichen und wichtigen Informationen zu dieser Art der Tagebuchführung und Erfassung der täglichen Aufgaben. Der Autor Ryder Carroll hat zu diesem Thema sogar ein umfassendes Buch verfasst. Der Trick bei seiner Art der schriftlichen Aufgaben- und Zielerfassung: Es wird mit verschiedenen Arten von **Stichpunkten** gearbeitet, die alles übersichtlicher, einfacher und zeitsparender machen.

Aufgabe 3

Du hast die Wahl: Informiere dich entweder darüber, wie das *Bullet Journal* funktioniert, und setze es bei deinen Zielen probeweise ein. Oder aber überlege dir selbst eine Methode, wie du die handschriftliche Aufführung und das Monitoring deiner Ziele einfach gestalten kannst. Denn die Ziele in ganzen Sätzen zu formulieren

> und sich täglich oder wöchentlich daran zu orientieren, ist auf Dauer anstrengend. Gehe auch bei der Dokumentation deiner Ziele sparsam mit deinen Energien um und mache es dir lieber einfach als schwierig.

Als Gegensatz zur handschriftlichen Vorgehensweise gibt es die digitalen Helfer. Apps fürs Smartphone und Desktopanwendungen für stationäre PCs sind reichlich vorhanden. Weil ein Überangebot vorliegt, ist es schwierig, gute Programme zu finden. Ich selbst habe nur mit einer Anwendung, dafür aber täglich, als Ergänzung zur handschriftlichen Erfassung meiner Ziele gearbeitet: Asana. Es ist ein Programm, das sich sowohl auf dem PC und Laptop als auch auf kleineren Endgeräten nutzen lässt. Ich habe es immer auf dem Laptop und dem Smartphone verwendet. So hatte ich daheim und unterwegs immer alle Aufgaben und Ziele im Blick. Das Praktische ist, dass du mehrere Projekte anlegen kannst. Ein Projekt kann beispielsweise den Namen „Privatleben" und das andere den Namen „Karriere" erhalten. Dies ist eine grobe Unterteilung, unter der du deine detaillierteren Ziele aufführen kannst. Schau dir das Programm am besten selbst an und finde deinen eigenen Weg, es zu nutzen. Denn es gibt diverse Möglichkeiten, Projekte anzulegen und so die Ziele zu unterteilen. Im Programm selbst wird tabellarisch und anhand der Projekte aufgeführt, welche Aufgaben noch durchzuführen und welchen Zielen sie untergeordnet sind.

Eine weitere Liste an nützlichen Apps findet sich in dem Buch *Richtig priorisieren* (2014). Bei Bedarf kannst du diese ebenfalls ausprobieren. Sie sind teils auf einzelne Funktionen spezialisiert. Hier fünf vielversprechende Apps:

> - *Things* für iPhone- und iPad-Nutzer zum Selbstmanagement
> - *aTimeLogger* als Zeiterfassung-App für das iPhone

- *AWD Time Logger* als Zeiterfassung-App für Geräte mit dem Android-System
- *Eisenhower* als App für das iPhone zum Festlegen von Prioritäten
- *Tenplustwo* als eine Stoppuhr-App mit großem Nutzen bei ungeliebten Aufgaben (nach 10 Minuten Arbeitszeit kommen immer zwei Minuten Pause)

Abgesehen von handschriftlichen Journals und Apps gibt es eine weitere Methode des Monitorings, die gleichzeitig in der Persönlichkeitsentwicklung einen hohen Stellenwert genießt. Es handelt sich hierbei um die Visualisierungsmaßnahmen: Diese hast du bereits in „Aufgabe 2" vom Kapitel „Schritt 1" in diesem Buch kennengelernt. Nutze diese Methode vor allem bei den Zielen, die dir unlieb sind. Die Visualisierungen werden dich besser bei Motivation und Laune halten. Eine mögliche Visualisierung wäre der „Fortschrittskuchen". Hänge die Visualisierungen am besten deutlich sichtbar an einer Wand bei dir zuhause auf.

Abschließend verbleibt eine wichtige Frage: Wie und wann änderst du etwas an deinen Zielen?

Genau hierfür ist das Monitoring nämlich da: um bei Bedarf etwas an den Zielsetzungen zu ändern. Das zentrale Problem beim Ändern von Zielen ist, dass man nicht immer ganz sicher ist, ob die Ziele nun zurecht geändert werden oder ob es die falsche Entscheidung ist. Es kommt nämlich des Öfteren vor, dass Personen ihr Ziel gut und konsequent verfolgen, aber es trotzdem abbrechen. Dann heißt es, es sei zu schwer gewesen. Aber war es das wirklich?

Eine allgemeine Formel dafür, wann Ziele abgebrochen werden sollten, gibt es nicht. Offensichtlich ist, dass du keine Ziele verfolgen solltest, an denen dir nichts liegt oder mit denen du anderen keinen angemessenen Gefallen erweist, der die Mühe rechtfertigen würde. Zum Verfolgen solch falscher Ziele sollte es ohnehin nicht kommen, wenn du die Ratschläge und Anleitungen in diesem Ratgeber befolgst. Nun ist es möglich, dass du selbst beim Verfolgen der richtigen Ziele und der Anweisungen in diesem Ratgeber irgendwann den Drang verspüren könntest, einzelne Ziele zu ändern ...

Erlaubt und wichtig sind Änderungen, wenn du merkst, dass du ein zu hohes Pensum gehst. Vor allem in den ersten Wochen neuer Zielsetzungen ist die Erkenntnis nicht unüblich, dass man sich ein bisschen zu viel vorgenommen hat. Jetzt das Tempo zu entschärfen, ist hilfreich. Entweder streichst du weniger wichtige Ziele oder du reduzierst das Tempo beim Erreichen dieser Ziele.

Eine weitere Situation, in der sich Zielsetzungen ändern, sind Veränderungen des eigenen Charakters, bestimmter Denkweisen und der Lebensumstände. Ein Paradebeispiel hierfür liefert der Autor Eric Adler in seinem Werk *Mehr vom Leben* (2014): Eine Person setzt sich das Ziel, der erfolgreichste Vertreter seiner Firma zu sein. Auf dem Weg zu diesem Ziel lernt er eine Frau kennen, mit der er eine Beziehung beginnt. Mit diesem einen Kennenlernen verschieben sich die Schwerpunkte im eigenen Leben quasi schlagartig. In solchen Situationen ist es ebenfalls nicht verkehrt, die eigenen Ziele zu ändern oder unter Umständen komplett zu streichen.

Damit sind wir mit den Situationen, die zum Ändern oder Abbrechen von Zielen berechtigen, nicht am Ende: Es existieren Ziele, die man aufnimmt, obwohl man sich nicht sicher ist, dass sie wirklich zu einem und der jeweiligen Situation im Leben passen. Sogar beim Lesen dieses Ratgebers und bei dem Befolgen all der hilfreichen Ratschläge könnte es dazu kommen, dass du dir über deine Zukunft ungewiss bist. Dann gilt der Tipp: Probiere alles aus, was dir nur im

Klare Ziele

Ansatz zusagt. Versuche gern Neues. Manchmal geht es nur über das Probieren und Beobachten. Finde durch das Tun heraus, welche Ziele dir liegen und welche nicht. Habe den Mut, Ziele abzubrechen und neue Ziele festzulegen, wenn dir etwas bei den ersten Anläufen nicht zusagt. Wichtig: Brich nicht gleich bei der ersten Hürde ab, sondern gib der Sache geduldig eine Chance.

Ich hoffe, diese paar Hinweise konnten dir helfen, herauszufinden, wann du Ziele abbrechen solltest und wann nicht. Grundsätzlich gilt trotzdem: Es gibt keine allgemeine Formel. Du wirst selbst intuitiv entscheiden müssen, wann eine Änderung der Ziele angebracht ist. Behalte jedoch im Hinterkopf, dass du Ziele, bei denen du bereits mehr als 50 % des Weges beschritten hast oder die dich viel kosten (z. B. Fernstudium) lediglich in den äußersten Fällen abbrechen solltest.

Abschlussaufgabe

Falls du die Aufgaben in diesem Kapitel erledigt hast, ist die langfristige Planung bereits durchgeführt und deine Ziele stehen. Im Idealfall hast du mit dem Verfolgen der Ziele bereits begonnen. Worum könnte es dann in der Abschlussaufgabe überhaupt gehen? Jetzt wird es im Hinblick auf dein Umfeld interessant: Angesichts der Tatsache, dass alle deine Ziele stehen, kannst du dich mit deinem Umfeld über deine Zielsetzungen unterhalten, dir Meinungen einholen und bei Notwendigkeit das Umfeld neu gestalten. Erfrage, was die Personen von deinen Zielen halten. Konstruktive Kritik kannst du gern annehmen und Änderungen an deinen Zielen vornehmen. Versuche, falls du komplett neuartige Ziele im Leben hast, neue inspirierende Bekanntschaften in Bezug auf deine jeweiligen Ziele zu knüpfen.

Schlusswort

Jeder Leser schreibt seine eigene Geschichte. Du hast das Blatt Papier, den Stift und eine Reihe an Ideen. Nun entscheidest du, welche Geschichte du schreiben möchtest. Danach richten sich deine Ziele aus. Willst du die Geschichte eines Karrieremenschen schreiben, der ein umfassendes Knowhow hat und sich in der Arbeit selbst verwirklicht? Möchtest du Menschen erreichen und deine Ansichten verbreiten? Schlägt dein Herz für deine Familie und definierst du dein Leben über dein Familienglück?

Welchen Weg auch immer du wählst: Du kannst ihn gehen und all deine Ziele erreichen, sofern du sie realistisch setzt und eine gewisse Balance gewährleistest. Diese Balance braucht jeder Mensch in seinem Leben. Es kann sich nicht alles um ein Ziel drehen, wenn man in seinem Leben nicht zu viel verpassen will. So sehen es Wissenschaftler, Psychologen, Bedürfnis-Forscher und viele weitere Personengruppen, die auf dem Gebiet der Persönlichkeitsentwicklung und Zielsetzung etwas zu sagen haben. Daher ist der größte Hinweis dieses Ratgebers, dass wir Menschen – so verschieden wir auch sein mögen – im Kern dieselben Bedürfnisse haben und dieselben Komponenten im Leben brauchen. Hierzu gehören existenzielle Bedürfnisse, körperliches und geistiges Wohlbefinden, ein soziales Umfeld und die Möglichkeit, uns selbst zu verwirklichen. Wie viel wir von diesen Dingen benötigen, das ist jedoch eine individuelle Sache.

Überlege, was du in deinem Leben als wichtig für dich erachtest. Erstelle nach Anleitung dieses Buches einen sorgfältigen

Plan mit Zielen. Denn ohne einen Plan Ziele zu setzen und zu verfolgen, ist kaum möglich. Leider schlagen erstaunlich viele Menschen einen solchen Weg ein. Folglich irren sie in einigen Lebensbereichen oder sogar im kompletten Leben umher. Sie holen nicht das Optimum aus ihrem Leben heraus. Manchmal bleiben Talente ungenutzt, manchmal kommen die Personen aus Verzweiflung sogar auf die schiefe Bahn. Einige hätten womöglich die Chance gehabt, ganze Nationen oder sogar die Welt positiv zu prägen, ließen ihr Leben aber ziellos verstreichen.

In unserer Kindheit braucht es meist keinen Plan, weil ein Großteil des Lebens fremdbestimmt ist. Die Schule mit dem Lehrplan und den Lehrern als durchsetzenden Personen geben uns einen Rahmen vor, die Eltern mit ihrer Erziehung den anderen Rahmen. Schon hier zeigt sich: Wenn Eltern die Leine locker lassen, dann passiert es nicht selten, dass Kinder ihre schulischen Pflichten vernachlässigen und die dortigen Ziele nicht erreichen können. Wenn ein Teil im System des Menschen nicht funktioniert, treten Wechselwirkungen auf, die andere Teile ebenfalls negativ beeinflussen können. Schon in der Kindheit wird also deutlich, wie fein und eng das System „Mensch & Umfeld" funktioniert. Im Erwachsenenalter ist es dann genau dasselbe Thema, nur dass du selbst mehr Verantwortung übernehmen musst.

Habe den Mut, mit einer eigenen Zielsetzung die Verantwortung zu übernehmen. Womöglich ist dies die größte Herausforderung: die Komfortzone zu verlassen und selbst Entscheidungen zu treffen. Dass dabei Fehler unterlaufen, ist nur allzu wahrscheinlich. Denn ein Leben ist lang und vor allem in den frühen 20ern eines jeden Menschen ist die Erfahrung gering. Doch es werden wenigstens deine Fehler sein – sie werden dein Markenzeichen tragen und du wirst später von ihnen erzählen können, um anderen Menschen zu helfen oder sie zu warnen. Außerdem senkt jeder Fehler die

Wahrscheinlichkeit, dass du weitere Fehler begehst. Schließlich lernst du dazu.

Überlege, an welchen Stellschrauben du in deinem Leben drehen möchtest. Wer weiß – vielleicht merkst du dank dieses Ratgebers, dass du bereits alles hast, was du haben möchtest? Im Streben nach Mehr hat so manch ein ambitionierter Mensch gemerkt, dass es eigentlich nicht mehr sein muss. Lasse dich also nicht von bestimmten Ambitionen in dir blenden, sondern berücksichtige bei allem – in dir drin und bei dem, was von außen auf dich einwirkt – das große Ganze. Viel Erfolg dabei!

Verweise und weiterführende Literatur

Literatur-Quellen:

Adler, E.: *Mehr vom Leben – Die 12 Naturgesetze zum Erfolg©*. München: Südwest Verlag, 2014.

Hollywood, C.: *Wer will, der kann! Wie du deine Ziele schneller und einfacher erreichst*. Heidelberg: dpunkt.verlag GmbH, 2018.

Moestl, B.: *Der Weg des Tigers*. München: Knaur Verlag, 2013.

Proske, H.; Reichert, J. F.; Reiff, E.: *Richtig priorisieren*. Freiburg: Haufe-Lexware GmbH & Co. KG, 2014.

Schmidbauer, W.: *Die gelassene Art, Ziele zu erreichen! Abschied vom Erfolgszwang*. Freiburg im Breisgau: KREUZ VERLAG, 2012.

Online-Quellen:

Asendorpf, J. B.; Banse, R.; Wilpers, S.; Neyer, F. J.: Diagnostica 1997, 43, Heft 4, 289:313, *Beziehungsspezifische Bindungsskalen für Erwachsene und ihre Validierung durch Netzwerk- und Tagebuchverfahren*. Göttingen: Hogrefe-Verlag, 1997, von https://www.psychologie.hu-berlin.de/de/prof/per/downloads/Bindungsskalen.pdf, abgerufen 08.03.2021

Carroll, R.: The Bullet Journal Merthod, von https://bulletjournal.com/. (Download vom 25.02.2021, 19:55 Uhr).

Clauß, M.; Kern, C.: Südwest Presse, *Multi-Millionärin durch Aktien: „Börsen-Oma" aus Ulm ist tot*. (29. September 2020). https://www.swp.de/suedwesten/staedte/ulm/beate-sander-ulm-tod-burch-krebs-vermoegen-boerse-boersen-oma-aktien-millionen-51893466.html, abgerufen 08.03.2021

Deutsche Gesellschaft für Ernährung e. V., *Vollwertig essen und trinken nach den 10 Regeln der DGE*. (Download vom 25.02.2021, 19:44 Uhr). https://www.dge.de/ernaehrungspraxis/vollwertige-ernaehrung/10-regeln-der-dge/.

Müller, T.: ÄrzteZeitung, *Wer sechs bis acht Stunden pro Nacht schläft, lebt am längsten*. (28. Dezember 2018). https://www.aerztezeitung.de/Medizin/Wer-sechs-bis-acht-Stunden-pro-Nacht-schlaeft-lebt-am-laengsten-232317.html, abgerufen 08.03.2021

Ries, F.: https://www.fabianries.de/. *Das Lebensrestaurant*. (1. November 2015). https://lebensrestaurant.de/lebensrestaurant-geschichte/, abgerufen 08.03.2021

Schmermund, K.: Forschung & Lehre, *Warum wir wieder mehr mit der Hand schreiben sollten*. (04.02.2020). https://www.forschung-und-lehre.de/forschung/warum-wir-wieder-mehr-mit-der-hand-schreiben-sollten-2504/, abgerufen 08.03.2021

Stanzl, E.: Wiener Zeitung .at, *Was die Handschrift im Gehirn bewirkt*. (10.02.2015). https://www.wienerzeitung.at/nachrichten/wissen/mensch/734175-Was-die-Handschrift-im-Gehirn-bewirkt.html, abgerufen 08.03.2021

Washington, D.: YouTube-Channel von AlexKaltsMotivation, *WATCH THIS EVERYDAY AND CHANGE YOUR LIFE - Denzel Washington Motivational Speech 2020.* (Download vom 25.02.2021, 19:50 Uhr). https://www.youtube.com/watch?v=tbnzAVRZ9Xc&t=260s.

Weiss, B.: Der Tagesspiegel, Einsamkeit macht Menschen krank. (01.09.2012). https://www.tagesspiegel.de/wissen/psychologie-einsamkeit-macht-menschen-krank/7080868.html, abgerufen 08.03.2021

ZSH GmbH, *Effizient lernen: die vier besten Lerntechniken für Zahnmedizin-Studenten.* (23. Juni 2020). https://www.zsh.de/blog/lerntechniken-zahnmedizin-studenten#_Toc42861265, abgerufen 08.03.2021

www.ingramcontent.com/pod-product-compliance
Lightning Source LLC
Chambersburg PA
CBHW071246070526
44583CB00017B/2349